Ralf Risser

Gut zu Fuß

Fußgänger als
Verkehrsteilnehmer zweiter Klasse

Gedruckt mit Unterstützung des Österreichischen
Bundesministeriums für Bildung, Wissenschaft und Kultur
und des Wissenschaftsreferats der Stadt Wien (MA7)

ISBN 3-85476-063-9

Lektorat: Arne Opitz
Satz & Umschlaggestaltung: Michael Baiculescu
Druck: Börsedruck, Wien

Inhalt

Vorwort

Der Ausgangspunkt für dieses Buch war eine Ausschreibung der EU-Kommission im 4. Rahmenprogramm. Die Aufgabe war, Projekte vorzuschlagen, die Hilfestellung dabei leisten können, die vielen kurzen Autofahrten in Europa durch andere Fortbewegungsarten zu ersetzen. Man hatte also offiziell und explizit die Zielsetzung formuliert, die Autoverwendung zu bremsen und zwar dort, wo das nahe liegt und leicht möglich ist. Eines der Projekte, die auf diese Ausschreibung hin eingereicht wurden, war WALCYNG – Walking and Cycling instead of short car trips. Zwei Aspekte aus WALCYNG hatten entscheidenden Einfluss darauf, dass dieses Buch zustande kam. Erstens gibt es ein beträchtliches Potential für die Verlagerung vom Kfz auf das Gehen: 15-20% aller Autofahrten in Europa sind kürzer als 1km, und zweitens bedarf es eines verkehrsteilnehmerorientierten Ansatzes, um einen solchen Umstieg überhaupt einzuleiten.

Technische Lösungen bieten theoretisch natürlich die Möglichkeit, die Voraussetzungen für das Gehen so gut zu gestalten, dass man eine Steigerung des Zu-Fuß-Gehens erwartet. Ob diese Erwartung erfüllt wird, ist aber zweifelhaft, wie sich immer wieder herausstellt. Gewisse technische Eingriffe können die Verwendung des Kfz entscheidend erschweren, worauf viele als Problemlösung hoffen. Aber das stößt immer wieder auf Akzeptanzprobleme. Ehe Entscheidungsträger viel Geld für das Gehen bereit stellen und restriktive Maßnahmen für das Kfz akzeptieren, muss klarer sein als bisher, dass man damit Erfolg haben wird: Die Menschen werden von neuen Möglichkeiten Gebrauch machen, wenn diese sinnvoll sind, und sie das selbst so empfinden.

Aber wie plant man so etwas? Wie versichert man sich im Vorhinein der Akzeptanz und wie kann man vorweg halbwegs sicher sein, dass Lösungen ankommen? Dazu muss man die psychologischen und soziologischen Voraussetzungen in das Zentrum der Überlegungen stellen, und Maßnahmen entsprechend ausrichten. Da empfundene Sicherheitsmängel eine wichtige Barriere für das Gehen darstellen – und die Angst um die Sicherheit der Kinder hat in diesem Zusammenhang einen speziell starken Einfluss – wurde in der Nachfolge von

WALCYNG beim österreichischen Verkehrssicherheitsfonds ein Projekt über »objektive und subjektive Sicherheitsaspekte des Gehens« eingereicht, vom Beirat des Fonds angenommen, aber vom Ministerbüro abgelehnt. Dies kann als Bestätigung dafür gelten, dass soziologische und psychologische Voraussetzungen eine überwältigende Rolle spielen und damit untrennbar verbunden die politischen Voraussetzungen: Wie schätzen z. B. Politiker die Bedürfnisse der Bürger und der Gesellschaft ein? Die eigene Windschutzscheibenperspektive erschwert Innovation im Verkehrsbereich[1].

Schließlich erschien im Frühjahr des Jahres 2001 im Internet der Hinweis auf die Abschlusskonferenz einer COST-Aktion (COST 2001), die sich mit fußgängerorientierter Stadt- und Infrastrukturplanung befasste. Österreich war bzw. ist bei dieser Aktion gar nicht vertreten. Das führt unsere Überlegungen in die folgende Richtung: Eine von Verkehrsteilnehmern spontan genannte Barriere für das Gehen ist neben den empfundenen Sicherheitsmängeln, dass man sich als Fußgänger als Bürger zweiter Klasse fühlt. Ohne den Inhalten dieses Buches vorzugreifen, kann man sagen: Ein solches Gefühl ergibt sich daraus, dass man für das Gehen bzw. für die Fußgänger im Vergleich zum Einsatz, den man sonst im Stadtplanungs- und im Verkehrsbereich leistet, nichts oder zu wenig tut.

Aus all dem entwickelte sich ein Thema für das Seminar »Verkehrssoziologie« am Soziologischen Institut der Universität Wien, Sommersemester 2001. Die Studenten sollten sich damit befassen, wie denn ein »Zweiteklassegefühl« generell erklärt werden kann, und sie sollten zeigen, mit welchen Wahrnehmungen, Erlebnissen und Überlegungen Verkehrsteilnehmer dieses Gefühl konkret in Verbindung bringen. Der spezielle Teil dieses Buches enthält Berichte über die Arbeiten der Studenten. Den Rahmen für ihre Berichte stellten einige Überlegungen über die gesellschaftliche Position des Gehens, dessen Rolle in Verkehr und Mobilität, über Sicherheitsaspekte, sowie über Attraktivitätsfragen dar.

---

[1] Ein derzeit etwas verpönter Soziologe hat im Bereich des menschlichen Verhaltens einiges gut durchschaut und die These geprägt, dass das Sein das Bewußtsein bestimmt. Aus sozialpsychologischer Sicht ist das zweifelsfrei richtig.

Sich mit diesen Fragen zu befassen ist in mehrerlei Hinsicht wichtig: 15 bis 20% aller Kfz-Fahrten in Europa sind kürzer als 1 km und könnten ohne Probleme zu Fuß erledigt werden. Der in Österreich zuletzt halbwegs exakt gemessene Anteil der Fußwege an allen Ortsveränderungen von ca. 27 % (Mailer 2001) könnte demnach noch um ein Beträchtliches erhöht werden. Es mutet absurd an, dass man gegenüber den Behörden und Verantwortlichen die Werbetrommel für mehr Forschung und mehr praktischen Einsatz zugunsten des Gehens schlagen muss, und dass diese Bemühungen meist erfolglos enden. Der praktischen Umsetzung der offiziell geäußerten Wünsche nach Nachhaltigkeit im Verkehr stehen offenbar Ahnungslosigkeit oder Ideologie im Wege.

Drei Kapitel dieses Buches befassen sich mit den Arbeiten im Rahmen des genannten Seminars. Das Theoriekapitel »Zweitklassigkeit« beruht auf den Arbeiten von *Roland Csenar, Peter Horvath & Roman Polzer.* Experteninterviews und Interpretation wurden von *Katrin Eder, Johann Kerschbaum, Monika Krenn und Nina Lindner* durchgeführt. Vorbereitung, Organisation, Auswertung und Interpretation der Straßenbefragung von Verkehrsteilnehmern wurden von *Stefan Kranewitter, Brigitte Mitterndorfer, Michael Parzer und Elfriede Wagner* abgewickelt. Die Straßenbefragung selber wurde von allen Studenten gemeinsam durchgeführt, d. h. dass jede/r Beteiligte ca. 10 Personen befragte.

Wohin gehst Du? Ins Kino. Was spielen sie? Quo vadis.
Was heißt das? »Wohin gehst Du?« Ins Kino. Was spie-
len sie? Quo vadis. Was heißt das? usw. ...
Unbekannter Autor

Das Gehen wird im Bereich der Verkehrsforschung so ähnlich
behandelt wie die Darmentleerung: »Jeder treibt's, aber keiner
mag darüber reden« (Pieper 1992).
Eine Welt zu schaffen, in der man nicht zwischendurch gehen
kann, ist undenkbar, eine Welt, in der man nicht gehen muss,
kann man nicht gestalten. Jemand, der nicht gehen kann, ist
depriviert: Es sind ihm entscheidende Bereiche des menschlichen Lebens nicht mehr erschließbar. Um vom Verkehr völlig
unabhängige Dinge zu nennen: Die Bewegungen im Wohn-
und Arbeitsbereich sind von Möglichkeiten und Fähigkeiten,
gehen zu können, abhängig. Ohne diese Möglichkeiten und
Fähigkeiten braucht man Hilfen wie einen Rollstuhl, oder
man muss transportiert werden.
Auch das Pilzepflücken ist nicht »Gehen« im Sinne einer Verkehrsteilnahme. Aber es ist abhängig davon, dass man gehen
kann. Unsere Füße spielen eine wichtige Rolle. Wir sind keine
Bäume, die sich, fix an einem Ort verankert, versorgen können (Chaloupka 1989).
Zum »Verkehr« wird Gehen, wenn man es im öffentlichen
Raum tut, wo man sich die Flächen mit anderen Menschen
als Verkehrsteilnehmer teilen muss: Eine solche Definition
nimmt das Gehen auf dem eigenen Grundstück aus. Diese
Ungenauigkeit kann man akzeptieren, da die öffentliche
Hand auf Privatgrund nur begrenzten Einfluss hat. Die Ver-
antwortung dafür, dass ordentliche Anlagen dort zum Gehen
geschaffen werden, liegt nicht bei den öffentlichen Institutionen. Wenn man freilich Wohnungen zum Verkauf oder zum
Vermieten herstellt, müssen bestimmte Auflagen erfüllt werden, damit sich Menschen darin sicher und konfortabel bewegen können. Immer systematischer wird in den Industrielän-

dern darauf geschaut, dass sie auch für Menschen, die nicht normal gehen können, geeignet sind, bzw. bestimmte Mindeststandards an Komfort für alle erfüllt sind (siehe u. a. Schütte-Lihotzky 2001 im Internet kompiliert).

Bleiben wir aber beim Verkehr als menschliche Ortsveränderungen im öffentlichen Raum. Es ist ja das Gehen als Verkehrsmittel, das uns im Endeffekt interessiert. Doch auch von dieser Warte gesehen, ist der private Aspekt des Gehens von großem Interesse: Jener Teil nämlich, der mit individueller Bedürfnisbefriedigung zu tun hat; er lässt sich rein räumlich vom Gehen als Verkehrsmittel nicht ganz trennen. Schauen wir uns einige Verben an, die mit dem Gehen verknüpft sind: spazieren, flanieren, marschieren, wandern, joggen, walken, bergsteigen, ziehen usw. In den meisten dieser Wörter ist eine lustvolle Tätigkeit verborgen, die die Menschen als Freizeitbeschäftigung lieben. Das gilt allerdings nicht für das »Marschieren«, das wenig Lustvolles besitzt. Das Wort zeigt aber, wie eine früher zu Fuß durchgeführte Tätigkeit heute auf fahrbare Untersätze und Maschinen – hauptsächlich Kriegsmaschinen – übertragen wurde: »Einmarschiert« wird heute kaum mehr zu Fuß, »ziehen« bezeichnet die Ortsveränderung größerer Gruppen von Menschen, ursprünglich ebenfalls zu Fuß. Heutzutage bezeichnet man in Österreich damit auch die Fahrten von Nordeuropäern in den Urlaub nach Süden und wieder heim; besser gesagt: Die Medien verwenden dieses Wort gerne zum Bezeichnen der Urlaubsfahrten. Auch die nächtlichen Zecher »ziehen von Lokal zu Lokal«, obgleich dies eigentlich zu Fuß oder mit Öffentlichen Verkehrsmitteln geschehen sollte, nicht aber mit einem Fahrzeug, das man selber lenkt. Zugvögel dagegen ziehen in den Süden und zurück, indem sie fliegen. Aber schließlich ist ja das Fliegen die natürliche, also ohne technische Hilfsmittel gestaltete Fortbewegungsart der Vögel.

»Joggen« ist eigentlich kein Gehen sondern »Laufen«. »Laufen« im deutschen Jargon wiederum bedeutet in Österreich oft »Gehen«. Österreicher laufen nicht, sie gehen, außer wenn sie im engeren Sinn: eine Fortbewegungsart ohne technische Hilfsmittel, bei der bei jedem Schritt kurzfristig beide Füße vom Boden weg, also in der Luft sind. Joggen ist in diesem Sinn eine spezielle Form des Laufens.

Gleichzeitig ist das Wort »joggen« ein Anglizismus, und Anglizismen funktionieren offenbar gut als »Transportmittel« für Begriffe.

Ein spezielles Beispiel ist das Verb »walken« aus unserer oben genannten Liste: ein Anglizismus in deutscher Konjugation, wobei »walken« nichts anderes heißt als »gehen«. Für jene, die dieses Wort gerne verwenden, sind mit »walken« allerdings einige Bedeutungen mehr verknüpft als mit dem Verbum »gehen«: »Walken« steht ja auch für bestimmte Gehtechniken, die als Fitness, Wellness (a propos Anglizismen) usw. fördernde Freizeitbetätigung und Sportarten eingesetzt werden. Walken ist keine Fortbewegungsart im Sinne eines Fortbewegungsmittels a priori, aber es kann zu einer werden, wie viele der obgenannten Formen des Gehens: Ich kann z. B. zum Arbeitsplatz spazieren und auf dem Heimweg flanieren. Ob ich auf diesem Weg bergsteigen kann, hängt davon ab, wo der Arbeitsplatz ist - etwa auf einer Almhütte. Zum Arbeitsplatz »marschieren« wirkt ein wenig lächerlich; wenn ich genügend verbissen auf Fitness aus bin, kann ich zum Arbeitsplatz joggen oder walken, vorausgesetzt die Voraussetzungen stimmen.

Gehen hat eine zentrale Funktion in unserem Leben. »Wohin der Kaiser zu Fuß geht« bringt zum Ausdruck: Zu unseren intimsten Verrichtungen begeben wir uns zu Fuß. Allerdings weißt diese Redensart auch auf etwas anderes hin: Der Kaiser, und er steht wohl symbolisch für »Leute, die Macht und Möglichkeiten haben«, geht bis auf wenige Ausnahmen nicht zu Fuß. Er lässt sich in der Regel transportieren. Die vielen Sänften, die man in einschlägigen Museen in der ganzen Welt sieht, legen davon Zeugnis ab. Gehen enthält auch den Aspekt der Unterordnung, des niedrigen Standes, des Fehlens anderer Möglichkeiten. Majestix z.B., der Häuptling des gallischen Dorfes von Asterix, betrachtet nur das Getragenwerden auf einem Schild als standesgemäß (stellvertretend für viele Asterix-Bände, die das bezeugen, siehe Asterix der Gallier, von Uderzo & Goscinny 1972).

Je mehr man sich den intimsten Bereichen nähert, desto üblicher ist es, dass man die letzten Meter geht. Je länger die Strecken werden, desto stärker verwendet man andere Fortbewegungsarten, so dass das Vermeiden des Gehens zeitweilig eine Statusfrage scheint. Weiter unten kommt zur Sprache, dass noch andere Variablen als der Status bestimmen, wer sich vom Gehen unabhängig macht und auch in welchem Umfang. Die lustvolleren Formen des Gehens werden allerdings nicht linear mit der Fortbewegungsart Gehen vermieden: »Spazieren« und »Flanieren« sind durchaus auch Tätigkeiten, die eher jene Personen praktizieren, die es sich leisten können, auch wenn sie derzeit möglicherweise nicht sehr en vogue sind.

Es lässt sich zusammenfassen: Man geht im Privatbereich oder im öffentlichen Raum, um irgendwo hin zu gelangen oder auch als Selbstzweck, wobei sich beide Funktionen miteinander verbinden lassen (zum Arbeitsplatz spazieren). Gezwungenermaßen tut man es, weil es wenig oder keine anderen Möglichkeiten gibt oder aber man geht als Selbstzweck – freiwillig (vielleicht mit Ausnahme des/der Herzkranken, dem/der der Arzt einen halbstündigen Spaziergang pro Tag verschrieben hat).

Zum Schluss der Einleitung die explizite Absicht dieses Buches: Gehen ist gesund und präventivmedizinisch anzuraten; dazu später eine Absichtserklärung der Schwedischen Regierung, Gehen (und Radfahren) weit mehr zu forcieren als bisher. Dazu existiert ein Policy-Papier, dass dem Radfahren weit größere Gesundheitseffekte attestiert als der Schaden, der durch Verkehrsunfälle entstehet. Gehen aber ist laut vielen Experten mindestens ebenso gesund oder noch gesünder als Radfahren.

Gehen hat auch das Potential, im Sinne der so oft beschworenen Nachhaltigkeit einen gehörigen Teil der Verkehrsprobleme in den dichter besiedelten – und stauanfälligen – Gebieten zu lösen: Ca. ein Sechstel aller Autofahrten in Europa sind kürzer als 1km, was jeweils einem Fußweg von höchsten zehn bis fünfzehn Minuten entspricht.

Es wäre also wünschenswert, dass die Menschen mehr gingen statt Auto zu fahren. Dieser Wunsch bezieht sich sowohl auf das Gehen aus gesundheitlichen Gründen als auch auf Gehen um zu einem Ziel zu gelangen (Gesundheit & Nachhaltigkeit). Der Erfüllung dieses Wunsches stehen aber viele Hindernisse im Weg. Mehr darüber ist in den Berichten vom EU-Projekt WALCYNG (siehe Hydén et al. 1997) nachzulesen.

Ein charakteristisches Ergebnis dieser Studie ergab sich aus Befragungen in den vier recht heterogenen europäischen Ländern Österreich, England, Finnland, Italien: Viele Bürger dieser Länder wollen nicht mehr als bisher gehen oder Rad fahren, weil sie sich als »Verkehrsteilnehmer 2. Klasse« fühlen.[2] Diese Aussage reflektiert, dass die Voraussetzungen u. a. für das Gehen nicht zufriedenstellend sind. Daher fährt man, wenn die Wahl besteht, lieber mit dem Auto. Was aber tun jene Personen, die nicht die Wahl haben? Sind sie das Volk, das zu Fuß gehen und sich mit dieser »minderen« Fortbewegungsart zufrieden geben muss im Gegensatz zum Kaiser und all jenen, die das »Zu-Fuß-Gehen des Kaisers« symbolisch umfasst, die es sich einrichten können (könnten) und im Extremfall lediglich aufs Klosett zu Fuß zu gehen?

Zwei Gedanken noch, jenen auf den Weg gegeben, die meinen, man könne einfach die Betroffenen fragen, um darüber Aufschluss zu erhalten, warum so viele Menschen eigentlich ungern zu Fuß gehen:

Der erste bezieht sich auf die Dissonanztheorie von Festinger. Diese sagt in etwa voraus, dass man über einen wenig erwünschten Zustand, den man aber nicht verändern kann, immer weniger klagt: Die privaten Ansichten, z. B. dass manche Bedingungen für das Gehen unzumutbar seien, die aber kein Gehör fänden, weil man ja »ohnehin nichts ändern könne«, werden in den Hintergrund gedrängt. Das geschieht zugunsten einer mehr pragmatischen, um nicht zu sagen resignativen Haltung in der Öffentlichkeit im Zusammenhang mit der man oft stark relativierte Meinungen äußert. Daraus ergibt sich, dass wir unter Umständen vordergründig keine oder nur wenig Kritik von jenen zu erwarten haben, die gehen müssen, und keine andere Wahl haben. Klagen nützt nichts, das haben sie gelernt, und es erschwert nur die eigene Situation, wenn man sich täglich über nicht änderbare Schwierigkeiten aufregt. (Dazu einige interessante Überlegungen in Seligman »Die gelernte Hilflosigkeit«).

Der zweite Aspekt ist die kontingente Verstärkung von Verhalten, einer Verstärkung, die unmittelbar an dieses Verhalten geknüpft ist. Kontingente Verstärkung beeinflusst unsere Gewohnheiten und Tätigkeiten viel stärker als mittelfristige:

---

[2] Diese Ergebnisse wurden in einem Bericht von Risser (1999) für den Magistrat Wien in deutscher Sprache zusammengefasst.

Wenn ich von der Autoverwendung einen unmittelbaren und relevant empfundenen Vorteil habe, nehmen etwas abstraktere und weiter in der Ferne liegende Vorteile nur schwer Einfluss auf mein Verhalten. Oft wissen wir, dass etwas ungesund ist, tun es aber trotzdem oder unterlassen gesundes Verhalten wider besseres Wissen.

Die Konsequenz: Wir müssen die Erhebungs- und Befragungsmethoden solche und ähnliche Phänomene in Betracht ziehen. Dies sei den Ingenieuren und Kollegen anderer Disziplinen ins Stammbuch geschrieben, die sich ihre Fragebögen, ja ihre ganze Psychologie gerne selber »stricken«.

Gehen als Verkehrsteilnahme

>*Villa mit englischem Rasen, Grund begrenzt von schö-*
>*ner, dichter Ligusterhecke; innen ein Mann, der die*
>*Hecke trimmt, außen kommt am Weg, der am Grund-*
>*stück vorbeiführt, eine sehr große Frau gegangen. Sie*
>*sieht den Haarschopf des trimmenden Mannes und fragt*
>*»Entschuldigen Sie, wie komme ich zum Dorf?« Er*
>*richtet sich auf, wobei sein Gesicht sichtbar wird, sieht*
>*ihren halben Oberkörper und antwortet: »Da reiten Sie*
>*einfach geradeaus weiter, gnädige Frau«.*
>
>*Die Leute gehen öfter als man glaubt zu Fuß.*
>RALF RISSER

Wer geht nun eigentlich im Rahmen der Verkehrsteilnahme
von wo wohin? Ich möchte im Folgenden ganz pedantisch
auflisten, welche Arten von Wegen, die man zu Fuß bewältigt,
es eigentlich gibt. Vor Entstehen dieser Liste bedarf es aber
einiger Vereinfachungen: Ich werde alle Aktivitäten außer
Haus als »Tätigkeiten« bezeichnen – Arbeit, Freizeitbeschäftigung, Amtsweg – und sie einfach dem »Von-zu-Hause« bzw.
dem »Nach-Hause« gegenüberstellen. Darüber hinaus werde
ich Sammelbegriffe für das Autofahren und für die Verwendung des öffentlichen Verkehrs einsetzen: »Auto« heißt Fahrten mit dem Personen-Kfz, als FahrerIn oder als BeifahrerIn.
Fahrten mit den Öffentlichen Personen-Nahverkehrsmitteln
(ÖPNV), mit der Eisenbahn, mit alternativen ÖV (Anruf-
sammeltaxis, etc.), mit dem Taxi, aber auch auf dem Wasser
und sogar mit dem Flugzeug werden unter ÖV subsumiert.
Welche Kombinationen von Fortbewegungen gibt es also,
wenn man die Begriffe so definiert?

Grafik 1: Der Einsatz des Gehens als Fortbewegung

Von zu Hause
oder anderen Ausgangspunkten

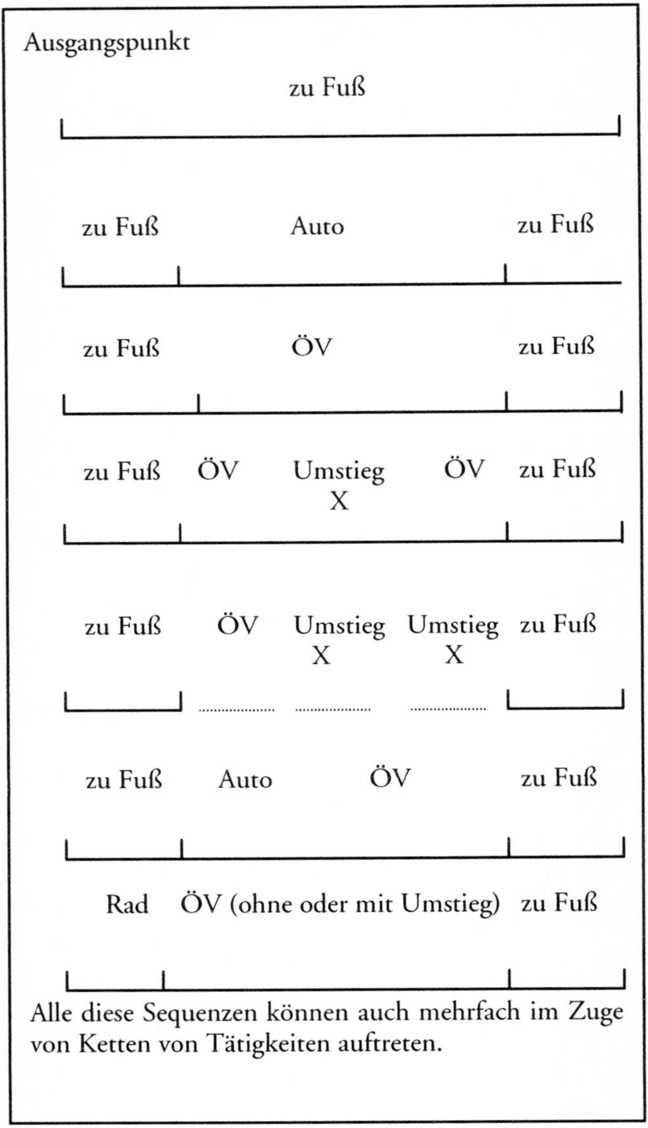

Ausgangspunkt

zu Fuß

| zu Fuß | Auto | zu Fuß |

| zu Fuß | ÖV | zu Fuß |

| zu Fuß | ÖV | Umstieg X | ÖV | zu Fuß |

| zu Fuß | ÖV | Umstieg X | Umstieg X | zu Fuß |

| zu Fuß | Auto | ÖV | zu Fuß |

| Rad | ÖV (ohne oder mit Umstieg) | zu Fuß |

Alle diese Sequenzen können auch mehrfach im Zuge
von Ketten von Tätigkeiten auftreten.

Das Umsteigen vom Auto oder vom Rad auf ÖV bzw. innerhalb des ÖV geschieht im öffentlichen Raum aber kaum je innerhalb des öffentlichen Straßennetzes, abgesehen von einigen Meisterleistungen der Planung, wo zum Umstieg von einem ÖV auf das anderes eine stark befahrene Straße überquert werden muss. Um auf das Rad zu steigen, muss man üblicherweise keine längeren Strecken zu Fuß gehen, und auch fast nie im öffentlichen Straßenverkehrsnetz: Das Rad steht entweder im Haus oder am Rand dieses Netzes. Allerdings ist schwer zu sagen, wie oft und über welche Entfernung man üblicherweise das Rad schieben muss – entweder zwischendurch oder die letzten Meter zur Arbeitsstätte, z. B. weil die Weiterfahrt verboten (Einbahn) oder unmöglich ist (stark befahrene Strecke, keine Radfahreinrichtung).

Obige Aufstellung zeigt, dass praktisch jeder, der sich aus eigener Kraft fortbewegt, wenn er das Haus verlässt, im öffentlichen Straßenverkehrsnetz oder bis zu dessen Rand zu Fuß gehen muss. Erstaunlicherweise müssen Radfahrer offenbar am wenigsten weit gehen bzw. ist ihre Geh-Distanz vom bzw. zum abgestellten Fahrrad am kürzesten.

Die Einleitungsfrage dieses Kapitels »wer geht« ist damit teilweise beantwortet: Alle gehen. Aber wer geht mehr als andere? Auch verschafft eine Auflistung ein Bild und zwar nach Altersgruppen und – teilweise – nach Geschlecht:

Bis zum Alter von 5 Jahren:
Kinder werden zunächst am Körper, im Buggy, im Auto und auf dem Fahrrad transportiert. Ab 3 sind sie in der Lage, etwas längere Strecken zu gehen. Sie werden zu Einkäufen, Amtswegen usw. mitgenommen, in den Kindergarten gebracht oder man geht mit ihnen spazieren oder begleitet sie zum Spielen. Wie viel dabei gegangen wird, ist schwer zu sagen. Daten aus Wien weisen jedenfalls darauf hin, dass der Transport per Fahrrad bzw. zu Fuß einen ansehnlichen Anteil der Kindertransporte zur Schule ausmacht (bis 12 Jahre), und vermutlich gilt dies auch für Kindergartenkinder (Risser & Lehner 1998).

6-11 Jahre:
Kinder werden mit dem Fahrrad, dem Auto oder mit ÖV in die Volksschule gebracht, oder man geht mit ihnen zu Fuß. Je älter sie werden, desto mehr gehen Kinder die

ganze Strecken zur bzw. von der Schule zu Fuß, auch allein. Davon zeugt nicht zuletzt die traurige Tatsache, dass recht viele Kinder zwischen 6 und 11 Jahren als Fußgänger verletzt oder getötet werden. Zwei Autorinnen, die sich mit diesem Thema zuletzt in Österreich befasst haben sind Chaloupka (2001) und Körmer (2000).

12-14 Jahre:
Die Kinder bewegen sich häufig allein zur Schule und von dort nach Hause. Sie tun das als Fußgänger, häufig unter Verwendung öffentlicher Verkehrsmittel oder per Fahrrad. Die häufigsten Unfälle in dieser Gruppe ereignen sich mit dem Fahrrad. Der Prozentsatz jener, die mit dem Privat-PKW gebracht werden, nimmt zu (KfV 1999, VCÖ 2001). Die Kinder dieser Altersgruppe verbringen auch mehr Freizeit allein außer Haus – v. a. Wege zu und von unterschiedlichen Spielplätzen, häufig zum Ballspielen, zum Spielen im unmittelbaren Straßenbereich, allerdings nicht nur auf Spielstraßen, also eine spezielle Form des »Fußgängerdaseins«.

15-17 Jahre:
Zu den genannten Fortbewegungsarten kommt das Moped. Der Anteil jener, die mit dem Privat-PKW transportiert werden, nimmt vermutlich ab, und die Muster der Freizeitbetätigung verändern sich stark: Treffen mit Freunden finden weiter weg von zu Hause, Lokal- und Discobesuch, verbunden mit nächtlicher Verkehrsteilnahme. Oft fährt man – am Land jedenfalls – öfter bei Kollegen über 18 Jahre im Auto mit. Aber auch die Zahl nächtlicher Fußwege nimmt stark zu; in der Stadt vermutlich mehr als im ländlichen Raum (Chaloupka et al. 1998).

18-64 Jahre:
Die Freizeitbetätigung außer Haus am Abend und in der Nacht ist zunächst bei Männern und Frauen eher intensiv und bedingt häufig Fußwege sowie die Benutzung von ÖV und Taxis. Abendliches Ausgehen nimmt mit der Zeit bzw. mit zunehmendem Alter – Familiengründung, Arbeitsbelastung usw. – ab. Wege zum Einkauf und zur Familienversorgung bzw. zur Kinderversorgung werden intensiver und werden zum großen Teil zu Fuß erledigt.

Die Wege vom und zum Arbeitsplatz, meist nach Abschluss der Ausbildung, im Alter zwischen 17 und 30, sind in dieser Gruppe ein Hauptelement. Freizeitwege – täglich, wöchentlich und als Urlaub – haben der Statistik zu Folge in den letzten Jahren stark an Bedeutung gewonnen. Zu den Freizeitorten wird viel mit dem Auto gefahren, aber vor Ort spielen Wandern, Spazierengehen sowie das »Ergehen« eine wichtige Rolle. Daneben rangieren natürlich viele andere körperliche Tätigkeiten wie Radeln, Joggen, Schwimmen, Windsurfen usw.

65+:

Arbeitswege werden in dieser Gruppe naturgemäß immer seltener. Freizeitwege und Versorgungswege gehen dagegen weniger zurück. Mit zunehmendem Alter spielt das Gehen eine wichtigere Rolle, auch in Kombination mit den ÖV. Die Zahl jener Personen, die das eigene Kfz nicht mehr verwenden, steigt: Viele können in höherem Alter nicht mehr selber mit dem Auto fahren und geben sogar teilweise ihren Führerschein zurück. Oft fällt durch Krankheit oder Tod eines Partners der »Chauffeur« aus. Der andere Partner – meist die Frau –, muss sich dann anders arrangieren. Dieses Phänomen wird aber immer seltener, da nunmehr jene Jahrgänge ins Pensionsalter kommen, bei denen praktisch alle – Männer und Frauen – mit 18 Jahren oder kurz danach den Führerschein erworben haben (siehe u. a. Chaloupka et al. 1993).

Alle diese Angaben sind sehr ungenau. Die Statistiken enthalten meist keine zufriedenstellende Kombination von Wegehäufigkeit und Wegelänge, bei Transportketten wird die Ungenauigkeit besonders groß. Über spezielle Gruppen wie Behinderte weiß man - zumindest was die Verkehrsforschung anlangt - noch viel weniger, wobei die Aufgabe, diesbezüglich mehr zu lernen, dadurch erschwert wird, dass es sich nicht um eine homogene Gruppe handelt sondern um viele Untergruppen mit höchst unterschiedlichen Eigenschaften und Bedürfnissen. Klar ist, dass für diese die Flächen und Routen für das Gehen im Bereich des Verkehrsnetzes und an dessen Rändern, im Übergang zum Wohnbereich u. a., besonders sorgfältig geplant werden müssen. Quantitativ fallen diese Gruppen kaum ins Gewicht: Fast zynisch klingt es, wenn man beim

Engagement für sie von einer Randgruppe sprechen muss. Ein solcher Einsatz gibt aber oft den Ausschlag für die Möglichkeit, mobil zu sein. (Ballabio and Moran 1998).

Auch wie sich die Mobilitätsgewohnheiten von Männern und Frauen unterscheiden, ist in der Literatur keineswegs sauber quantitativ herausgearbeitet, und man muss sich auf indirekte Schlüsse verlassen. Wenn es in einer Familie nur ein Auto gibt, dann hat es meist der Mann zur Verfügung. Kinderversorgung und Einkauf werden häufig nicht per Auto erledigt und obliegen daher meist den Frauen. Frauen haben durchschnittlich ein geringeres Einkommen als Männer, und allein lebende Frauen haben daher wahrscheinlich seltener ein Auto zur Verfügung als Männer.

Vieles des oben Gesagten ist erst zu beweisen. Ungefähr weiß man, wie die Verkehrsmittelwahl aussieht, denn häufig werden diesbezügliche Daten als Mikrozensus gesammelt. Kinder und Jugendliche bleiben hier vermutlich unberücksichtigt, bzw. sie erhalten nicht das ihrem Anteil an der Gesamtbevölkerung entsprechende Gewicht. Behinderte und ihre Bedürfnisse gehen bei solchen Untersuchungen unter. Ihre Anteile sind bei repräsentativen Stichproben zu klein, speziell wenn man ihre Heterogenität entsprechend berücksichtigen möchte. Das gleiche gilt für die Gruppe aller »sehr alten« Personen, also jene, die lange Zeit in der Kategorie »75+« geführt wurden, neuerdings aber oft unter »80+« rangieren. Ihre Samples sind in repräsentativen Stichproben zu klein, um detailliert ihre Mobilitätsgewohnheiten und -probleme zu spiegeln. Meiner Schätzung sind ca. 50% der Gesamtbevölkerung nicht in der Lage, ein Auto zu fahren. Sie haben (noch) keinen Führerschein, (noch) kein Auto, können aus physischen oder Krankheitsgründen nicht (mehr) ein Kfz lenken usw. Von Letzteren wird vermutlich nur ein kleiner Teil regelmäßig als Beifahrer transportiert. Sie sind nach dem oben Gesagtem besonders vom Gehen abhängig, jedoch ist auch dies schlecht quantifizierbar.

Zu diesen Ungenauigkeiten kommt – will man den Anteil bzw. die Rolle des Gehens bei der Verkehrsmittelwahl genauer beurteilen - die Schwierigkeit die Zähleinheiten zu definieren. Wege vom und zum Auto werden meist nicht in die Rechnung aufgenommen. Viele Studien berücksichtigen nur »ganze Wege zu Fuß«, andere setzen eine »untere Grenze« für das, was als Weganteil gilt. Das wiederum ignoriert Wege von und zum geparkten Auto, kurze Wege von und zum ÖV, Umsteigevorgänge zwischen U-Bahn und Straßenbahn bzw. Bussen, bei denen oft Straßen ein kurzes Stück entlang gegangen oder überquert werden. Fazit: Die zu Fuß zurückgelegten Wege im öffentlichen Straßennetz werden aller Wahrscheinlichkeit nach grob unterschätzt. Dies reduziert das Empfinden für die Dringlichkeit hinsichtlich der Bedingungen als Voraussetzungen für Bedingungen des Gehens.

Mailer (2001) hat sich in seinem Artikel in der Zeitschrift »Interdisziplinär« mit der Quantifizierung der Wegeanteile befasst. Dort wird sichtbar, wie schwierig es ist, diesen Bereich genau zu »messen«. Den Schluss jedenfalls, dass Gehen in seiner Bedeutung als Verkehrsmittel grundsätzlich stark unterschätzt wird, unterstreicht der Artikel von Mailer.

Weitere Literatur zu diesem Thema findet sich bei Herry und Snizek (1992); über das Mobilitätsverhalten der Wiener Bevölkerung im Abschlußbericht des EU-Projektes WALCYNG (Hydén et al. 1997; Solheim & Stångeby 1996); Dokumente des EU-Projektes ADONIS – Analysis and Development Of New Insight into Substitution of short car trips by cycling and walking, erschienen beim Dänischen Institut für Verkehrssicherheitsforschung (RFT) zu erhalten sind (siehe u. a. Forward 1998; siehe auch folgende Tabelle).

Tabelle 1: Verkehrsmittelwahl bei unterschiedlichen Wegen für ganze Strecken und Teilstrecken (Wege vom und zum geparkten Kfz bzw. vom und zum abgestellten Fahrrad nicht gezählt.)

Wegetyp	zu Fuß			mit dem Rad			mit dem Kfz		
Land (Wege/Tag absolut, prozentuell pro Wegetyp)	A .55	CH .75	D .79	A .18	CH .32	D .34	A 1.41	CH 1.70	D 1.06
Arbeit	9	31	10	15	44	18	20	33	36
Schule	8		4	9		15	3		3
Einkauf	23	29	38	18	22	29	13	22	22
Freizeit	39	36	44	43	31	35	39	32	28
Andere		4	4		3	3	22	13	11
Summe	100	100	100	100	100	100	100	100	100

Sehr speziell ist die Lage in den Entwicklungsländern, das Gehen spielt dort als Fortbewegungsart eine noch viel wichtigere Rolle als in den Industrieländern. Vasconcelos (2001) stellt am Beispiel Brasilien dar, dass sich die Verkehrsplaner traditionell kaum um Stadtplanung und Architektur kümmern und sich selber eine »fachliche Insel« geschaffen haben: Dort befassen sie sich mit Verkehrfluss und -sicherheit aber ohne den sozialen Rahmenbezug. Subjektive Sicherheit, wie sich die Verkehrsteilnehmer also fühlen, spielt bei diesen Überlegungen keine Rolle. Wichtigstes Ziel scheint der Fluss des Autoverkehrs. Soziale Aspekte – Segmentierung der Stadtbewohner und Verkehrsteilnehmer und daran geknüpfte Forderungen – werden systematisch ausgespart. Die berücksichtigten Gruppen sind Industrie und sie umgebende Lobbygruppen (Versicherungen, Straßenbaufirmen, Reparaturwerkstätten, Banken). In Brasilien kommt noch das erstaunliche Phänomen dazu, dass für den noch kaum existenten »Mittelstand«, der ja Auto fährt, geplant wird, während bis zu 80%

der Bevölkerung keinerlei Zugang zum Kfz haben; ein großer Teil besitzt nicht einmal genug Geld für den ÖV. (Übrigens haben in den Industrieländern ca. 50% der Bevölkerung keinen Zugang zum Kfz als Fahrer.)

Die Schlussfolgerung: Das Gehen spielt eine ganz wesentliche Rolle im Verkehrsgeschehen, seine Bedeutung wird jedoch gleichzeitig systematisch unterschätzt. Die Tatsache, dass ein Fünftel aller Autofahrten kürzer als 1km sind - und zwar nicht nur im dichter besiedelten Mittel-, West- und Südeuropa sondern auch in Skandinavien, nicht nur in den Städten, sondern auch am Land — zeigt, dass die Verwendung des Kfz äußerst einfach und komfortabel ist, aber auch, dass Gehen vielen Leuten nicht ausreichend attraktiv erscheint. Vielleicht kommen viele gar nicht auf die Idee, zu gehen, so lange das Auto vor der Tür steht.

Für die weitere Diskussion des Themas sind folgende beiden Fragenkomplexe von großem Interesse:

✓ Erstens: Welche Voraussetzungen finden jene Personen vor, die im Rahmen ihrer täglichen Mobilität stärker auf das Gehen als Fortbewegungsmittel angewiesen sind, bzw. die keine andere Wahl haben, als zu gehen? Gibt es in den Industrieländern überhaupt Personen, die keine andere Wahl haben, als zu Fuß zu gehen?

✓ Zweitens: Wie attraktiv ist Gehen für jene Personen, die alle Optionen haben, die also die Wahl haben zu gehen oder das Auto aber auch andere Fortbewegungsarten wie Radfahren oder ÖV zu verwenden?

Dazu noch einige Überlegungen zu den Konzepten »die Wahl haben« bzw. »freiwillig«. Im Zusammenhang mit dem Gehen ist damit gemeint, dass jemand aus freier Entscheidung Transportarten mit höheren Gehanteilen wählt. Ein Beispiel ist, dass das Auto für einen Partner für die Haushalts- und Kinderversorgung zur Verfügung bleibt, während der andere Partner drei Minuten zur Busstation geht, dann in ein schnelleres ÖV umsteigt (S-Bahn, U-Bahn), damit in die Nähe seines Arbeitsplatzes gelangt und dann noch fünf Minuten zum Arbeitsplatz geht. Ein anderes Beispiel ist ein alleinstehender Erwachsener, der im Stadtgebiet in Kombination mit dem ÖV und dem Fahrrad geht: Der Arbeitsweg beträgt z.B. fünf Minuten Radfahrt zur U-Bahn, 15 Minuten U-

Bahnfahrt und fünf Minuten Fußweg am Schluss. Wieder eine andere Person nimmt für einen Arbeitsweg in der Distanz von zwei U-Bahnstationen weder die U-Bahn, noch das Auto, sondern geht etwa aus Gründer der körperlichen Fitness und der Entspannung die ganze Strecke zu Fuß. Auch jemand, der in einer gut mit ÖV versorgten Stadt kein Auto besitzt oder für einen bestimmten Weg aus mehreren möglichen ÖV-Kombinationen mit längerem Fußweg auswählt – etwa weil sie schneller ist – fällt unter dieses Konzept von »freiwillig«.

Wer hat aus dieser Perspektive nicht die Wahl?

Keine Wahl hat jemand, der bestimmte Fußwege als mühselig und unangenehm empfindet, aber kein Auto oder keinen Führerschein besitzt, der nicht Radfahren kann und keine Möglichkeit hat, statt zu Fuß zu gehen ÖV zu verwenden. Das ist bei einer Familie von Stadtbewohnern mit schlechter ÖV-Anbindung der Fall, die kein Auto zur Verfügung hat, wo die Eltern sich aus Sicherheitsgründen nicht trauen, mit dem Rad zu fahren und für die die Versorgungswege für Lebensmittel sehr weit sind, also 20 Minuten oder mehr. Ein anderes Beispiel: Der Mann der Familie fährt mit dem Auto zur Arbeit. Dort steht es den Tag über, während die Frau, die kein Kfz zur Verfügung hat, Haushalt und Kinder versorgt.

Das Extrembeispiel sind alte Leute, die ihre Wege nur zu Fuß oder allenfalls in Kombination mit ÖV erledigen können. Wenn hier die Fußwege für die eigene Versorgung, bzw. zur nächsten ÖV-Haltestelle zu weit oder zu beschwerlich sind (z.B. Queren von schwierigen Kreuzungen, viele Treppen, dunkle Unterführungen usw.), kann das sukzessive zum Aufgeben der Selbstversorgung führen. Extrem schwierig erscheint dem Städter die Situation z. B. einer alten Witwe am Land, wo die Versorgungsinfrastruktur fehlt (Lebensmittelhändler, Friseur, Kleider- und Schuhgeschäfte etc.), und das ÖV-Angebot zur nächsten größeren Ortschaft in einem Bus besteht, der zweimal am Tag, womöglich zu äußerst ungünstigen Zeiten, fährt. Ein 1½-stündiger Fußmarsch kommt für diese Frau nicht in Frage. Paradoxerweise führt am Dorfrand der Weitwanderweg vorbei, auf dem intensiver Wanderverkehr herrscht.

Der springende Punkt ist also, dass Personen gezwungen sind, Transportformen mit unangenehm empfundenen Fußweganteilen in Kauf zu nehmen, um ihre Bedürfnisse zu erfüllen. Natürlich kann man nicht allen Personen, die nicht Auto fahren, von vornherein eine Mangelsituation attestieren. Kinder bis zum Jugendlichenalter etwa sind noch stärker an die Familie gebunden und unternehmen noch wenige selbständige Wege. Der Transport zum Fußball- oder Tennisclub oder der Besuch von Freunden kann eventuell problematisch werden, wenn es keinen entsprechenden ÖV gibt und kein Elternteil oder ältere Geschwister den Transport übernehmen.

Auch können niedergradig gehintensivere Mobilitätsgewohnheiten organisch wachsen, ohne dass sie eine Deprivation bedeuten: In einem Seminar im Rahmen der Veranstaltung »Grundlagen der Verkehrssoziologie« im Sommersemester 1996 am Soziologischen Institut der Universität Wien stellten wir fest, dass jeder der Seminarteilnehmer und der Autor dieser Arbeit mindestens eine Person kannten, die keinen Führerschein besaß, z. B. weil man sich nicht darum gekümmert hatte bzw. der Erwerb verworfen worden war. Interviews zeigten, dass kein intellektueller Prozess oder eine explizite Abwägung der Entscheidung vorausgegangen waren, sondern dass sich das »einfach so« ergeben hatte (Risser 1997).

Die Kriterien dafür, wie Mangel an Alternativen zu bewerten ist, sind zu einem entscheidenden Teil subjektiv: Ob Fußwege, zu denen man gezwungen ist, als »zu lang«, als »zu gefährlich« oder als »zu schwierig« eingestuft werden, ist weitgehend subjektiv. Sobald man das *Gefühl* hat, die Möglichkeiten einer verbesserten Mobilitätssituation fehle, wird eine bestimmte Mobilitätsform unfreiwillig praktiziert. Bei Jugendlichen am Land, wo es nachts kaum ÖV gibt, die zu wenig Geld für ein Taxi haben, und die keinen Mopedführerschein besitzen, stimmt dieses Gefühl gut mit dem objektiven Gegebenheiten überein (vor allem männliche Person, die außerhalb einer Großstadt mit nächtlicher ÖV-Versorgung aufgewachsen ist, kennen Nachtmärsche nach Hause). Bei der älteren Dame, die sich einen 20-Minuten-Fußweg nicht zutraut und die sich mit Einbruch der Dunkelheit außer Haus ängstigt, ist diese Übereinstimmung dagegen weniger gegeben.

Ob nun objektive und subjektive Umstände übereinstimmen, entscheidend ist die subjektive Bewertung der Situation. Für den Verkehrsforscher, der Voraussetzungen und Gewohnheiten unserer Mobilität untersucht, ist es daher unerlässlich, sich mit der subjektiven Sicht der eigenen Rolle als Verkehrsteilnehmer zu befassen. Erst dann er das Gehen und seine Bedeutung im Gesamtkomplex entsprechend einordnen und korrekt bewerten. Erst dann kann er vorsichtig beginnen, abzuschätzen, ob Leute unter bestimmten Umständen bereit sind, freiwillig mehr zu gehen als bisher. Nur dann kann er auch darüber diskutieren, ob und wie es möglich ist, die Mobilitätsvoraussetzungen für jene angenehmer zu gestalten, die zu Mobilitätsformen mit höheren Gehanteilen gezwungen sind und dies als belastend empfinden.

Zum Abschluss der Diskussion über die Freiwilligkeit von Fußwegen oder aus Ermangelung von Alternativen, sei auf die in Fachkreisen oft zitierten »vier A« verwiesen: Mangel an Alternativen haben oft Arme, Alte, Auszubildende und Ausländer. Vielleicht findet sich darin ein Zusammenhang mit der oft geringen Intensität der Bemühungen um gute Bedingungen und Voraussetzungen für das Gehen durch die öffentliche Hand.

Was sind nun die Voraussetzungen für das Gehen, bzw. welche Aspekte reflektieren oder repräsentieren diese Voraussetzungen? Zweifelsfrei ist Sicherheit ein Aspekt, über dessen Wichtigkeit sich alle einig sind. Strittig ist in diesem Zusammenhang allerdings oft, wie sich Sicherheitsmängel ausdrükken, und wie sie zu messen sind. Über Aspekte außerhalb der Sicherheit sind sich die Verkehrsforscher dagegen eher uneins, was zum Teil jener paternalistischen Haltung entspricht, mit der Forscher und Politiker »Probleme« aus einer vermeintlich objektiven und faktenbasierten Perspektive definieren. Dabei werden aber Sicht und Bedürfnisse der betroffenen Personen oft nicht untersucht und deswegen nicht entsprechend berücksichtigt – oder umgekehrt. Oben wurde die Wichtigkeit der subjektiven Daten bereits betont. In den nächsten beiden Kapiteln werde ich mich einerseits mit Sicherheitsfragen und andererseits mit Aspekten der Attraktivität befassen; wobei die subjektiven Aspekte nicht zu kurz kommen werden.

Welche Probleme haben Fußgänger?

Wenn man über dieses Thema nachdenkt, sollte man sich die Diskussion rund um die Begriffe »die Wahl haben« und »unfreiwillig«, die weiter oben diskutiert wurden, ständig vor Augen halten.

- Freiwillige Fußgänger: Personen die ohne äußeren Zwang bewusst das eigene Leben in Richtung »Gehen« lenken: Mögliche Eigenschaften solcher Personen sind: kein Führerscheinerwerb, Autoverkauf, Car-Sharing statt Pkw-Besitz, Pkw-Besitz aber seltene bzw. Nichtnutzung usw.[3]
- Unfreiwillige Fußgänger: Personen, die aufgrund von Sachzwängen z.b. von der Autonutzung ausgeschlossen sind (z. B. unter-18-Jährige), die sich kein Auto leisten können, und denen Gehen als Alternative bleibt; paradoxerweise befinden sich viele Senioren und Behinderte in dieser Gruppe.

Bei der Diskussion über die Attraktivität des Gehen stellt sich die Frage, inwiefern sich Probleme, Wünsche, Gefühle (z. B. Sicherheitsgefühl) dieser Gruppen miteinander decken oder ob es Unterschiede zwischen den beiden Gruppen gibt.

Aus anwenderorientierter Sicht sind »die Freiwilligen« von großem Interesse, weil bei ihnen die Wahl des Gehens als bevorzugte Fortbewegungsart an subjektiv empfundene Vorteile gekoppelt sein muss, die aufgedeckt und für nachhaltige Mobilität genutzt werden können. Die Tatsache, dass manche ohne äußeren Zwang auf ein Auto verzichten und stattdessen hauptsächlich zu Fuß unterwegs sind, muss aber nicht bedeuten, dass jene Personen, die gezwungenermaßen oft zu Fuß gehen, mit ihrem unfreiwilligen Verzicht ebenso gut zurechtkommen. Für sie gelten andere Voraussetzungen. Sie haben möglicherweise das wirkliche Alltagsproblem, ohne Auto in einer Autokultur zu leben.

Das Empfinden von Fußgängern und Motive für das Gehen sind bis jetzt erst wenig erforscht. Welche Beweggründe füh-

---

[3] Erhoben in einer Gruppenseminararbeit am Institut für Soziologie der Universität Wien im Sommersemester 1996, wo 20 Nichtautofahrer, die sich selber zum überwiegenden Teil als Fußgänger bezeichneten, im Rahmen narrativer Interviews zum Thema Stellung bezogen.

ren z. B. dazu, einen Großteil der Wege zu Fuß zurück zu legen? Ist es reine Gewohnheit, weil manche Personen niemals einen Führerschein gemacht haben? Ist es der Umweltgedanke oder kann man sich einfach kein Auto leisten? Weiters ist es auch wichtig zu erfahren, welche Wünsche oder Bedürfnisse diese Personen haben. Wie erleben sie die Voraussetzungen, mit denen sie konfrontiert sind, wie werden diese wahrgenommen, wie wird damit umgegangen, und welche Bedingungen müssen geschaffen werden, um das Gehen zu einer sicheren, attraktiven und problemlosen Fortbewegungsart zu machen?

Was wissen wir über Probleme beim Gehen?

Nach den uns bekannten Arbeiten, von denen einige in diesem Buch zitiert sind, haben Fußgänger ziemlich viele Problemen im Straßenverkehr, die sich aus objektiven und subjektiven Elementen zusammensetzen. Sie lassen sich folgendermaßen zusammenfassen:

1. Fußgänger haben Sicherheitsprobleme. Dies wird durch nichts anderes so deutlich, als wenn man Personen nach der Sicherheit der eigenen Kinder fragt: Viele Eltern haben ziemliche Angst um die Sicherheit ihrer Kinder, wenn diese ohne Aufsicht draußen unterwegs sind (siehe u. a. Risser et al. 2000)

2. Fußgänger haben Probleme mit dem Verkehrsfluss, fühlen sich häufig beim Fortkommen behindert, z.B. durch lange Wartezeiten oder Umwege bei Kreuzungen, durch »Barrieren«, wie den schnellen Kfz-Verkehr an   Zebrastreifen oder abbiegende Kfz. Beim Gebot für Fußgänger usw.

3. Fußgänger haben Komfortprobleme: die Infrastruktur für Fußgänger hat oft beträchtliche Mängel wie Gehsteigbreiten, Gehsteigkanten, Belagzustand, Gestaltung von Querungen, Unterführungen, Brücken, kurze Grünzeiten, lange Wege usw.

4. Fußgänger haben Probleme mit fehlender Rücksicht in Form von Autofahrern, die am Gehsteig halten, parken, be- und entladen. Fehlende Rücksicht der Behörden zeigt

sich durch die Umleitung von Fußwegen bzw. an ihrer Ausschilderung. (siehe Ausserer und Risser 1998)

5. Fußgänger haben Problem mit der Ästhetik im Verkehrsumfeld: Durch unmittelbare Nähe zur physischen Umgebung und ihre geringe Geschwindigkeit sind sie speziell stark durch Lärm, schlechte Luft, optische »Belastung« usw. betroffen (siehe OECD 1998).

6. Fußgänger haben Probleme mit dem sozialen Klima: Viel Ärger und Belastung entstehen durch die Schwierigkeiten in der Interaktion mit dem übrigen Verkehr. Man dringt in ihr »Revier« ein (Radfahrer), der Vorrang wird ihnen genommen, sie werden gefährdet bzw. bedroht und als schwächste Verkehrsteilnehmergruppe gezwungen, sich unterzuordnen. Dieser Problembereich hängt sehr eng mit der Sicherheitsproblematik zusammen.

Was sollte man wissen?

Welche Merkmalsausprägungen und welche Motive charakterisieren die Gruppe der freiwilligen und der unfreiwilligen Nicht-Autobesitzer? Wie schauen allgemein Bedürfnisse und Wünsche von Fußgängern aus? Was wird als subjektive Sicherheit empfunden?

➢ Bewusstseinsebene: Werthaltungen und Einstellungen
  • Welche Beweggründe führen zum Autoverzicht?
  • Welche Wünsche und Bedürfnisse haben Fußgänger? Wo gibt es Probleme? Wie attraktiv ist das zu Fuß Gehen? Welche unterschiedlichen Motive gibt es innerhalb der beiden Subgruppen (Freiwillige und Unfreiwillige)?
➢ Praktische Erlebnisse und Erfahrungen
  • Welche Barrieren müssen Fußgänger überwinden? Wie gehen sie mit jenen Situationen um, in denen »ohne Auto nichts mehr geht« (z.B. Großeinkäufe)?
  • Welche Vorzüge bietet ein autoloser Alltag, verschafft er entgegen der üblichen Auffassung auch Genugtuung, wird es als Befreiung erlebt?
  • Wie werden objektive Sicherheitsmaßnahmen für Fußgänger wahrgenommen? Werden diese auch als

subjektiv sicher empfunden? Welche Bereiche der Infrastruktur werden überhaupt als subjektiv sicher und welche als subjektiv unsicher empfunden? (Siehe dazu eine Studie von Risser und Kollegen, die zeigt dass bei Fragen nach der empfundenen Sicherheit der eigenen Kinder »alle Skalen zu kurz« werden: Die Angst um die Sicherheit der Kinder kann die Lebensqualität empfindlich beeinträchtigen; Risser et al. 2000)

- Wo treten Konflikte mit anderen Verkehrsteilnehmern auf? Man denke an die oft zitierten Auseinandersetzungen zwischen Verkehrsteilnehmern, die mit dem Kfz-Gebrauch zu tun haben (z.B. Risser 1988).

➢ Gesellschaftliche Ebene

- Gibt es einen Trend in Richtung Autolosigkeit? Ist z. B. die Benutzung öffentlicher Verkehrsmittel zu einer breit akzeptierten Mobilitätsform geworden? Oder haftet dem ÖV immer noch das »arme-Leute-Image« an?

- Warum werden autolose Lebensstile trotz unzähliger Absichtserklärungen in der öffentlichen Diskussion de facto kaum gefördert? Stimmt dieser häufig geäußerte Vorwurf überhaupt?

- Welche Perspektiven bietet ein Leben ohne Auto – für das Individuum, für die Gemeinschaft, für die Gesellschaft? Welche Berechtigung hat es, dafür oder dagegen Stellung zu beziehen?

Sicherheit

«Drauf sag ich, es ist nix passiert
mein Porsche ist schon repariert,
nur leider ist mir ein Passant,
bevor er starb hineingerannt»
Leicht eingedeutschte Version des Liedtextes von
»Der Papa wird's schon richten« von Qualtinger & Co

Objektive Sicherheit

Das klassische Verkehrssicherheitsmaß hat sich in den Industrieländern als Quotient Unfälle/10^6 km oder Unfälle/10^8 km entwickelt. Dieses Maß sei im Zusammenhang mit Gehen Unsinn und unterstelle dem Autofahren oder gar dem Fliegen ein zu hohes Maß an Sicherheit. Anders herum brandmarke es das Gehen als extrem unsicher, meinen andere Fachleute.

Außerdem reflektiert der Quotient in dieser Form, dass sich die Sicherheit verbessert, je mehr km (= Wert im Nenner) zurückgelegt werden. Geht man davon aus, dass Mobilität etwas Positives ist, so kommt intensive kleinteilige Mobilität, die keine Kilometer frisst, durch diese Berechnungsart zu kurz. Besser gibt man Unfälle pro Zeit auf der Straße bzw. pro Zeit, die man unterwegs ist, an. Eine weitere Möglichkeit ist es, sie nur an der Zahl der Wege zu relativieren, die man mit unterschiedlichen Verkehrsmitteln zurücklegt. Das Risiko dabei ist wieder die Ungenauigkeit bei Wegeketten, bzw. fallen bei einer solchen Zählweise die kurzen Abschnitte zu Fuß bspw. zum geparkten Kfz unter den Tisch. Diese vermeintlich objektiven Maße (Unfallquotienten, Wegelängen) kranken daran, dass die Daten, auf denen sie aufbauen, extrem ungenau erhoben werden. Im zweiten Kapitel wurde gezeigt, dass sehr viele kurze Fußwege in der Statistik keinen Eingang finden, denn es ist nicht so leicht, Fußwegelängen genau in Kilometerangaben zu erheben, sodass Zeitangaben ergiebiger sind. Auch die Genauigkeit von Unfallzahlen lässt zu wünschen übrig, denn wir wissen, dass z. B. Unfälle mit leichten Verletzungen zu einem ansehnlichen Teil keinen Eingang in die Statistik finden (Nationale Schwedische Straßenverwaltung »Vägverket« 2000).

Interessant ist auch, dass Fußgängeralleinunfälle nicht in der Unfallstatistik aufscheinen, jedenfalls nicht als Verkehrsunfälle. Fußgängeralleinunfälle (Stürze) enden zwar praktisch nie tödlich, aber aufgrund ihrer geschätzten Menge würde es sich dennoch lohnen, sie zu berücksichtigen, zumal sich eine ansehnliche Anzahl schwerer Verletzungen (z. B. Oberschenkelhalsbrüche bei SeniorInnen) in diesem Sample finden.

Fußgängeralleinunfälle sind auch deswegen so interessant, weil sie bei entsprechend sorgfältiger Erhebung Hinweise auf physische Mängel der Infrastruktur geben können: Unregelmäßigkeiten im Belag, unerwartete Höhenunterschiede bei Kanten und Stufen, Abschrägungen, die aus Fußgängersicht schlecht platziert sind, Verunreinigungen, schlecht geschützte Baustellen bzw. Umleitungen, die akrobatisches Geschick verlangen usw.

Alle diese Schwächen bei der Darstellung der sogenannten objektiven Sicherheitssituation seien unterstrichen, bevor ich noch einmal die Wichtigkeit subjektiver Aspekte wiederhole. Letztere hängen eng mit der Attraktivität des Gehens zusammen: Es vermindert natürlich den Reiz des Gehens, wenn man dabei ständig um die eigene Sicherheit fürchten muss, und es wird die Bereitschaft, die Kinder allein in die Schule gehen zu lassen statt sie mit dem Kfz zu transportieren, kaum erhöhen, wenn ständig die Angst herrscht, dass sie an der nächsten Kreuzung oder Straßenquerung von einem Kfz niedergestoßen werden. Hier wird ein spezieller Aspekt der subjektiven Sicherheit sichtbar: Andere Verkehrsteilnehmer haben die Möglichkeit, mich und meine Angehörigen mit ihren Fahrzeugen zu bedrohen und mich in Angst zu versetzen.

In vielen Fällen, wo eine solche Bedrohungssituation akut und für die Gehenden fühlbar wird, kommt es allerdings gar nicht zu einem Unfall, sondern »nur« zu Irritation. Bevor der verstörte Fußgänger sich nämlich beschweren kann, ist der Autofahrer schon außer Reichweite. Die »Rücksichtslosigkeit der Autofahrer« wurde in einer Studie in Lund und Malmö aus den Jahren 1996-2000 denn auch von Fußgängern spontan als größtes Sicherheitsproblem genannt (Risser et al. 2000).

Trotz aller Kritik an der Schwäche objektiver Unfallraten werden nachfolgend konventionelle Daten präsentiert. Dazu dient die Darstellung einiger spezieller Eigenschaften von

Fußgängerunfällen und die Aspekte subjektiver Sicherheit sowie die möglichen Kombinationen von objektiver und subjektiver (Un)Sicherheit in der Praxis. Zum Schluss folgt eine Reihe von Argumenten, weshalb beim Gehen besonders auf Sicherheitsaspekte geachtet werden sollte - aus der aus Fairnessperspektive nämlich. Dieser Abschnitt soll auch einen Schritt näher an das Verstehen der Zusammenhänge von physischen und verkehrstechnischen Sicherheitsvoraussetzungen, Akzeptanz der Gegebenheiten und dem Hauptthema dieses Buches heranführen, denn viele Menschen sehen sich in der Rolle des Fußgängers als Verkehrsteilnehmer zweiter Klasse. Dies ist vor allem deswegen der Fall, weil man sich im Vergleich zu anderen Verkehrsteilnehmer benachteiligt und wenig respektiert fühlt[4].

Einige Informationen aus der Unfallstatistik

1999 wurden in Österreich bei Verkehrsunfällen 1.079 Personen getötet und 54.967 verletzt. 8,1% aller verletzten und 16,9% aller getöteten Verkehrsteilnehmer waren Fußgänger. Im Ortsgebiet jedoch steigt der entsprechende Wert auf 44 %. Besonders gefährdet sind Kinder und ältere Personen. Auffällig ist der hohe Anteil der über 64-Jährigen an den getöteten Fußgängern (50%). Im Ortsgebiet sind mehr als die Hälfte (55%) der Verkehrstoten sogenannte »ungeschützte Verkehrsteilnehmer«, wie Fußgänger und Radfahrer in der Fachsprache oft genannt werden (Quelle: KfV 1999). Gemäß Mikrozensus 1993 hat der Fußgängerverkehr aber lediglich einen Anteil von rund 31% an allen Verkehrsmittelbenützungen. (Wien 42%; VCÖ 1993 »Vorrang für Fußgänger«).

Unfallstatistik

Die folgende Tabelle gibt zum Thema »objektive Sicherheit von Fußgängern« einen etwas differenzierteren Überblick:

---

[4]Eine ausführliche Diskussion der Zusammenhänge zwischen »gehört werden» bzw. »respektiert werden» und Zufriedenheit – diskutiert am Beispiel der Benutzer von ÖV – findet sich bei Risser R. & Fischer D. 2001, Nutzerbedürfnisse im Öffentlichen Verkehr, Wissenschaft und Umwelt Interdisziplinär Nr. 3

Tabelle 2: Auszug aus der Unfallstatistik

Jahr	Österreich				Wien (stellvertr. für urbanes Gebiet)			
	Unfälle		Getötete		Unfälle		Getötete	
	Gesamt	Fußg. (%)	Gesamt	Fußg (%)	Gesamt	Fußg (%)	Gesamt	Fußg. (%)
1997	39695	4631 (12)	1105	156 (14)	4881	1330 (27)	56	28 (50)
1998	39225	4345 (11)	963	165 (17)	4600	1207 (26)	39	25 (64)
1999	42348	4570 (11)	1079	182 (17)	4894	1228 (25)	60	36 (60)
2000	42400		959*					

2000 Stand August
*) Wert bei Jahresende, stieg mit Nachträgen über den Wert 1998
Quelle: KfV

Wie nicht anders zu erwarten, zeigt sich die Sicherheitssituation der Fußgänger im städtischen Bereich als besonders problematisch.

Subjektive Sicherheit

In Schweden wurde Ende der Neunzigerjahre die sogenannte 0-Vision proklamiert (Vägverket 2002, im Internet). Diese erhebt zum Programm, langfristig keine Verkehrsunfälle mehr zu haben. Ex post lässt sich sagen, dass, so lange Unfälle offiziell als etwas zum Straßenverkehr Gehöriges, quasi Unvermeidliches betrachtet werden, es mehr Unfälle geben wird als nötig. Eine offizielle Haltung »da kann man nichts machen« fördert den Verkehrssicherheitsfatalismus, wie ich diese Haltung nennen möchte. Ein Programm wie die 0-Vision durchbricht diese Haltung. Dem Vorwurf der Naivität weicht man aus, indem man zunächst mit »Machbarem« beginnt: Die schweren Unfälle mit Toten sollen zunächst verschwinden. Man beginnt einmal in den Ortsgebieten mit radikalen Maßnahmen usw. Dabei wird sichtbar, wie sich Vieles um den

»Kampf um die Geschwindigkeit« dreht. Die – ich nenne sie einmal ganz banal so – Autofahrerlobby bestehend aus Autoindustrie, dem Straßenbau, den Versicherungen, der Autofahrerclubs (in Schweden M genannt für Motormännens Riksförbund) stellt sich extrem skeptisch gegenüber allem, was nach Geschwindigkeitsreduzierung riecht, und sei es nur die Überwachung der Einhaltung der gesetzlichen Limits. Die stärker verkehrssicherheitsorientierten Abteilungen der Nationalen Straßenverwaltung und viele Universitätsinstitute, die sich mit Verkehr befassen – darunter das Institut für Technik und Gesellschaft der Universität Lund – beharren dagegen darauf, dass im Geschwindigkeitsbereich einer der Schlüssel zur 0-Vision liegt: Um keine Toten beklagen zu müssen – mit Ausnahme der wohl unvermeidlichen Selbstmörder im Auto – braucht man auf gut ausgebauten Landstraßen und Autobahnen keineswegs Tempo 0, wie manche Zyniker geistreich scherzen. In vielen Fällen reicht die Einhaltung des Tempolimits, zumal wir wissen, bei welcher Geschwindigkeit das geringste Unfallrisiko mit Todesfolgen besteht bei gleichzeitig akzeptablem Verkehrsfluss:

Graphik 2: Zusammenhänge zwischen Geschwindigkeit und der Wahrscheinlichkeit, bei einem Unfall getötet zu werden

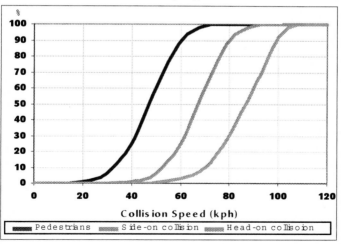

Wie die Grafik zeigt, steigt über 30km/h Fahrzeuggeschwindigkeit die Wahrscheinlichkeit, dass Fußgänger bei einer Kollision getötet werden, rapide an. Durch ausgebreitete Tempo-30-Zonen und daran gekoppelte verkehrsberuhigende Maßnahmen auf Straßen, wo es Vermischung zwischen Kfz und Fußgänger gibt, kann man das Risiko von Unfällen mit Todesfolgen minimieren. Das würde in Summe auch keine Zeitverluste bringen, meinen viele Experten: Wenn man, wie sich das fachgerecht seit jeher gehört hätte, auch die verringerten Zeiten beim Einordnen aus Seitenstraßen, weil das dann ja leichter und schneller geht, und die Zeitgewinne der Fußgänger aufgrund leichteren Vorankommens in entsprechende Rechnungen mit einbezöge, käme u. U. sogar ein Zeitgewinn heraus.

Die anderen beiden Kurven beziehen sich auf Kreuzungs-und Frontalunfälle. Sie zeigen, welche Geschwindigkeiten man auf großen Stadtstraßen anstreben sollte, wo die meisten Kreuzungsunfälle passieren, nämlich bei 50 km/h (weil man sich meist nicht traut, dort Tempo 30 einzuführen); und auf Überlandstraßen, wo Frontalunfälle am häufigsten geschehen, nämlich bei 80 km/h. Man wäre also gut beraten, dafür zu sorgen, dass diese Geschwindigkeiten nicht überschritten werden.

Über diese Überlegungen hinaus ergab sich in Schweden, im Bereich Lund-Malmö aber folgendes interessante Projekt: Bei der Straßenverwaltung stellte man offiziell die Frage, ob gesenkte Geschwindigkeiten im Ortsbereich nicht auch mehr Wohlbefinden bedeuten würden oder mehr Lebensqualität. Das Institut für Technik und Gesellschaft der Universität Lund erhielt den Auftrag, diese Frage zu untersuchen. Anrainer von 30km/h- und 50km/h-Bereichen in Lund und Malmö wurden mit Hilfe sogenannter Fokusgruppen-Interviews befragt. So wurde mit ihnen gemeinsam jene Faktoren gesucht, die das Wohlbefinden, aus der Sicherheitsperspektive betrachtet, am meisten stören. Dann untersuchte man mit Hilfe standardisierter Interviews und einer quantitativen Auswertung wie die Gesamtbevölkerung der untersuchten Gebiete insgesamt zu diesen Faktoren steht.

In aller Kürze ergab sich folgendes: Angst um die Sicherheit der Kinder stellt bei Eltern eine sehr starke Beeinträchtigung des Wohlbefindens dar, aber man empfindet auch die eigene Unterlegenheit gegenüber Autos, wenn man zu Fuß unterwegs ist, als starke Belastung. Am unangenehmsten finden die befragten Personen, dass die Autofahrer rücksichtslos sind, dass sie trotz Nachrang bei Fußgängerübergängen nicht stehen bleiben und zu schnell und zu knapp an Fußgängern vorbeifahren. Diese drei von zehn in den Worten der Anrainer formulierten Faktoren wurden in Lund und Malmö als Produkt aus *(Häufigkeit des Auftretens) x (durch sie empfundenen Grad der Beeinträchtigung)* als das Wohlbefinden am meisten störenden Faktoren genannt. Das wichtigste Ergebnis: Der Grad der empfundenen Belastung war bei allen Messungen in Tempo-30-Zonen niedriger als bei 50km/h.

Man sollte wissen, dass bei dieser Untersuchung im südlichen Schweden nicht nur eingefleischte Fußgänger befragt wurden sondern auch andere Verkehrsteilnehmer. Im Rahmen der Untersuchungen wurden allerdings alle Beteiligten gebeten, an die schwächsten Mitglieder im Straßenverkehr zu denken, nämlich an die Fußgänger. Und praktisch jeder kennt ja die Situation, in der man sich als Fußgänger befindet.

In einer anderen Untersuchung im Rahmen des EU-Projektes MASTER wurden Personen, die sich eher als Autofahrer und solche, die sich selber eher als Fußgänger betrachten, einander gegenübergestellt. Beurteilt werden sollten unterschiedliche Maßnahmen zur Geschwindigkeitskontrolle. Grob gesprochen, waren sich beide Gruppen einig, welche Maßnahmen effizient seien. Es waren eher jene Maßnahmen, die den Autofahrern nicht die absolute Freiheit lassen selber zu entscheiden, ob sie ihre Geschwindigkeit anpassen wollen und bis zu welchem Grad. Die Fußgänger fanden aber in deutlich stärkerem Ausmaß als die Autofahrer, dass man diese Maßnahmen auch umsetzen sollte, während die Autofahrer Informationsmaßnahmen vorzogen: Kampagnen z. B., bei denen zwar das Richtige geraten, das man aber nach eigenem Gutdünken umsetzen kann oder das Gegenteil.

Ich möchte jetzt noch zu einem speziellen Fall von subjektiven Sicherheitsproblemen kommen, nämlich der Angst vor Belästigung oder noch gröberen Übergriffen. Gregoritsch & Lehner (1995) haben in ihrer Diplomarbeit gezeigt, dass es sich dabei um ein Phänomen mit starkem Leidensdruck handelt.

Nun ist es nicht leicht, kurzfristig Maßnahmen zu ergreifen, die zu einer Verminderung dieser Ängste führen, mittel- und langfristig könnte man sich jedoch Vieles von der Infrastrukturplanung und Stadtplanung bis zu Kampagnen und Öffentlichkeitsarbeit vorstellen. Derzeit verbinden Frauen jedoch das Gehen oft mit »ausgesetzt-sein«, ein weiterer Mosaikstein in unserem entstehenden Bild vom Gehen als eine Fortbewegungsart zweiter Klasse.

Beziehung zwischen objektiver und subjektiver Sicherheit

Mehrere Fragen müssen in diesem Zusammenhang diskutiert werden: Wie sehen Personen die vorhandene Infrastruktur für das Gehen in Bezug auf ihre Sicherheit? Wie schaut der Vergleich zwischen dem subjektiven Sicherheitsgefühl und den objektiv vorhandenen Gegebenheiten aus? Werden alle Sicherheitsvorkehrungen (Unterführungen, Druckampeln, Ampelphasen, etc.), die für Fußgänger gedacht sind, von Fußgängern als wirklich sinnvoll erachtet oder werden sie eher als hinderlich empfunden? Wie hängen Sicherheit und Attraktivität zusammen?

Fundiertes Wissen über Eigenschaften, Interessen und Bedürfnissen sowie typische Probleme von Fußgängern – darunter Sicherheitsprobleme aus objektiver *und* subjektiver Sicht – sind notwendig, um die Sicherheit von Fußgängern zu verbessern ohne die Attraktivität und Leichtigkeit des Gehens zu vermindern. Allerdings sind sowohl die Zahl der Forschungsprojekte als auch der Stand des Wissens extrem bescheiden: Im Zusammenhang mit der »Third Road Safety Week of the UN/ ECE« mit dem Thema »Vulnerable Road Users« vom 1. bis 7.5.2000 wurde u. a. deutlich, dass der Wissensstand in diesem Bereich sehr zu wünschen übrig lässt. Das Interesse der Medien war allenfalls lau, und die Aussagen, die dort getroffen wurden, konnten sich kaum auf wissenschaftlich fundierte Fakten berufen – ganz einfach deswegen, weil Forschung in diesem Bereich fast nicht finanziert wird und daher fast nicht existiert.

Folgende Tabelle bezieht sich auf das Beziehungsgeflecht zwischen objektiver Sicherheit und die durch Fußgänger subjektiv empfundene Sicherheitssituation. Dabei wird eine poli-

tische Sichtweise gewählt, die sich an den Bedürfnissen der
Bürger orientiert:

Tabelle 3: Objektive und subjektive Sicherheit

Eine Stelle oder eine Situation ist:	Was bedeutet das in der Praxis?
Subjektiv sicher **und** objektiv sicher	Attraktivitätsfördernd und auch aus der objektiven Sicherheitsperspektive positiv. In jeder Hinsicht politisch vertretbar
Objektiv sicher **aber** subjektiv unsicher	Attraktivitätsmindernd, schafft objektive Sicherheit durch Vermeidung des Gehens, reduziert für Einige (z.B. Senioren) die Mobilität entscheidend, bedeutet Stress und Mehrarbeit (Eltern, Schultransport); kann politisch leicht als positiv verkauft werden, wenn man die betroffene Personen nicht anhört
Subjektiv sicher **aber** objektiv unsicher	Echte Sicherheitsprobleme, die von den Fußgängern nicht erkannt werden (z.B. Unfallhäufungspunkt Zebrastreifen⁵); hier sind gute Alarmmechanismen gefragt, die in Maßnahmen münden, ehe etwas Gröberes passiert (Verkehrskonfliktforschung etc.)
Subjektiv unsicher **und** objektiv unsicher	Sicherheitsprobleme, die man als Fußgänger wissentlich in Kauf nehmen muss. Das sind im wesentlichen durch andere verursachte Risiken: Fußgängeralleinunfälle, die tödlich enden, sind uns praktisch nicht bekannt
Geringe Attraktivität in anderen als Sicherheitsaspekten	Neue Sicherheitsprobleme und Mobilitätseinschränkungen sind zu vermeiden, die durch reduzierte Attraktivität verursacht werden. Das wären: *) Reduzierung des Fußgängeranteils u. a. durch Verlagerung auf das Auto → das ist gegen das Prinzip der Nachhaltigkeit; *) Mobilitätseinschränkungen für Senioren durch Komfortprobleme → das kann gesellschaftliche hohe Kosten verursachen; *) Ungeduldsreaktionen durch lange Wartezeiten bei Ampeln → neue Sicherheitsprobleme durch Gehen im falschen Augenblick, Rotlichtquerungen, etc.

---

⁵ Lars Ekman von der Technischen Universität in Lund (Schweden) hat
1996 in seiner Doktorarbeit gezeigt, dass das Überqueren der Straße auf
Zebrastreifen unfallgefährlicher ist als Querungen abseits der Zebrastreifen. Die Verkehrsmengen, inkl. Fußgängerzahlen, wurden dabei natürlich fachgerecht berücksichtigt.

Die Fakten zu kennen und etwas über die Voraussetzungen für das Gehen zu »wissen« ist neben der wissenschaftlichen Bedeutung auch für das Verkehrsmanagement, welches ja im weitesten Sinn eine Form des Marketing darstellt, essentiell: Wissen über die Situation, in der sich »autolose« Personen sowohl objektiv als auch subjektiv betrachtet befinden, kann einerseits mithelfen, gegenüber potentiellen »Kunden« *erfolgreich* für die Nutzung von öffentlichem Verkehr, Rad und den eigenen Beinen zu argumentieren. Gleichzeitig kann man dadurch denjenigen, die aus welchen Gründen auch immer kein motorisiertes Individualverkehrsmittel nutzen, bei der Gestaltung der Voraussetzungen gezielt entgegenkommen. Natürlich müssen dazu auch Verkehrspolitiker, Verkehrsplaner sowie andere Akteure, die Rahmenbedingungen für die individuelle Organisation von Mobilität gestalten, mit diesem Wissen vertraut gemacht werden. Zusätzlich ist es eine Aufgabe ersten Ranges, Methoden zu finden, dass bereits vorhandenes Wissen auch in die Praxis umgesetzt wird. Das letztgenannte Problem hat seinen Ausgangspunkt u. a. darin, dass die Fortbewegungsart Gehen von den Verantwortlichen als Verkehrsmittel nicht wirklich ernst genommen wird. Das Motto lautet: Verkehr ist in erster Linie Autoverkehr. Aus dieser Perspektive sieht das Arbeiten für Nachhaltigkeit im Verkehrsbereich wie eine Aufgabe für Sysiphos aus (siehe zuletzt Risser et al 2001).

Warum sollte man etwas für Fußgänger tun?

Hier noch einmal die wichtigsten Argumente, warum Politiker, Entscheidungsträger und Praktiker sich sowohl um mehr Fachwissen als auch um die entsprechende Umsetzung des Fachwissens über das Gehen bemühen sollten:

1. 50% der Menschen können nicht oder jedenfalls nicht als Lenker mit einem Kfz fahren. Viele von ihnen sind darauf angewiesen, oft einen größeren Teil ihrer Wege zu Fuß zurücklegen.
2. FußgängerInnen sind gemessen an der Verkehrsbeteiligung bei den Unfallzahlen und noch stärker bei der Zahl der Toten überrepräsentiert.

3. Verletzungen, insbesondere solche mit Todesfolge, resultieren bei FußgängerInnen zu 100% von anderen VerkehrsteilnehmerInnen (= *keine Alleinunfälle, keine Unfälle untereinander*).

4. Im städtischen Gebiet sind 50% und mehr der getöteten Verkehrsteilnehmer FußgängerInnen.

5. Zwischen 50% und 60% der getöteten FußgängerInnen sind über 65 Jahre. Viele von ihnen dürfen nicht mehr Auto fahren; ihr per-capita-Risiko steigt deutlich, wenn man sie aus dem Auto »herausholt«.

6. Die Unfall- und Todeszahlen im Verkehr insgesamt haben einen Trend, zu sinken, jene der verletzten und getöteten FußgängerInnen nicht. Die Raten weisen eher auf steigende Gefährdung der FußgängerInnen hin (siehe Tabelle 2 aus Seite 30).

7. FußgängerInnen müssen mit Tabubrüchen leben und sind auch dann nicht sicher, wenn die Verkehrszeichengebung das eigentlich vermittelt – Beispiel grüne Ampel bei Kreuzung.

ATTRAKTIVITÄT

> *»Wir gehen den Holzsteg zum Fluss hinunter. Immer wieder bekomme ich ihre dünne, kantige Hüfte zu spüren; sie versucht, ihren eckigen, sprunghaften Gang meinem bärenhaften Schwanken anzupassen. Über den Fluss und in die Stadt; nach einiger Zeit stummen Übens können wir schließlich ganz gut nebeneinander gehen. Ich sehe in den Schaufenstern unsere Spiegelbilder.*
>
> JOHN IRVING,
> DIE WILDE GESCHICHTE VOM WASSERTRINKER

Inwieweit Personen das Gehen angenehm finden, hängt von vielerlei Faktoren ab. Eine einfache Zusammenfassung der Bereiche bietet die folgende Grafik.

Grafik 3: Der Diamant

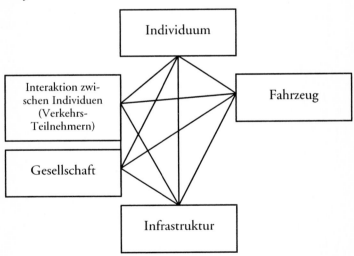

Was umfassen diese Bereiche, bzw. welche Aspekte der Verkehrsteilnahme ordnen wir ihnen zu?

Individuum

Individuelle Voraussetzungen und Vorlieben spielen natürlich eine wichtige Rolle als Bedingung für`s Gehen: Wie gut ist man physisch »beisammen«, wie gerne bewegt man sich, wie geht man mit der eigenen Zeit um, wie verbindet sich das Gehen mit anderen Aktivitäten und mit dem eigenen Lebensstil. Ein aus psychologischer Sicht sehr interessanter Aspekt ist an die schon diskutierte Frage geknüpft, bis zu welchem Grad man das Gehen als freiwillig erlebt oder als Zwang: Im zweiten Fall müssen einerseits die Voraussetzungen weit besser sein als für Freiwillige, damit sich trotz des Zwanges Zufrieden einstellt. Allerdings wird dieser Zusammenhang auf paradoxe Weise durch sogenannte Dissonanzphänomene gestört. Damit wird der Zustand bezeichnet, dass man mit bestimmten Voraussetzungen leben muss (Festinger 1957). Um nicht auf Dauer und ständig zu leiden, freundet man sich daher mit den Bedingungen an und wertet diese mental auf, bzw. mindert Ziele, die man nicht erreichen kann, gemäß der Fabel Äsops, in der der Fuchs behauptet, die Trauben seinen ihm zu sauer«. Wenn man dies bei der Befragung von Verkehrsteilnehmern nicht berücksichtigt, wird man plötzlich mit seltsamen und schwer zu interpretierenden Daten dastehen, die oft in der Aussage von Politikern münden, wonach »ja eh alle zufrieden seien.« Und außerdem sollte man bedenken, dass Personen, die sehr wenig gehen, zu wenig wissen, ob sie selber das Gehen als angenehm empfinden. Burwitz et al. haben das blendend gezeigt: Sie hatten einige Personen überredet, an einer Studie mitzuarbeiten, bei der es darum ging, einen Monat freiwillig auf das Auto zu verzichten. Diese Personen waren zum Teil überrascht, als wie angenehm sie es empfanden, manche Dinge zu Fuß zu erledigen bzw. wie wenig belastend es war, im Zuge ihrer täglichen Transportketten mehr zu gehen als bisher (Burwitz et al 1992).

Interaktion zwischen Individuen

Die Interaktion zwischen Individuen – hier also jene zwischen Verkehrsteilnehmern - ist ein weiterer zentraler Bereich: Verkehr *ist* Interaktion. Wenn man sich nur als isoliertes Individuum bewegte ohne für andere Menschen von Belang, brauchte es keine Gesetze, keine Straßenverkehrsordnung usw. Die Abstimmung aufeinander ist aber geradezu eine immanente Grundcharakteristik des Verkehrs.

Wie im vorigen Kapitel über Sicherheit gezeigt wurde, ist das Verhalten anderer Verkehrsteilnehmer maßgeblich für die Beurteilung der eigenen Situation, wie der »rücksichtslose Autofahrer« , der FußgängerInnen das Leben schwer macht, zeigt. Im Rahmen unserer Interaktion mit anderen Menschen wird auch besonders deutlich (vielleicht *nur* im Rahmen von Interaktionsprozessen?), dass es im Verkehrsgeschehen ein Machtgefälle gibt. Das Gefühl, Verkehrsteilnehmer zweiter Klasse zu sein, wird jedenfalls häufig im Rahmen solcher Prozesse aktualisiert, wie alter Witz deutlich macht:

Ein Fußgänger wird von einem abbiegenden Auto am Zebrastreifen niedergestoßen. Der Autofahrer bleibt stehen, kurbelt das Fenster herunter und schreit dem Fußgänger zu: »Hören Sie, können Sie nicht aufpassen« ? Darauf der Fußgänger, sich mühsam vom Boden erhebend: »Wieso, kommen Sie wieder zurück?«

Auch wenn zwischen den beiden Personen kein wie immer geartetes Gefälle besteht oder der Fußgänger sogar klüger, physisch stärker, geschickter im Streitgespräch ist, ist er als Verkehrsteilnehmer benachteiligt. Sein Handicap besteht in der räumlichen Isolierung der AutofahrerInnen (gilt weniger für Motorräder), in den physikalischen Größen »Maße« und »Kraft« und in dem Geschwindigkeitspotential von Kfz-LenkerInnen, um vom Ort des Konflikts zu verschwinden. Man ärgert sich am Straßenrand gehend über einen Autofahrer, und schon ist er wieder weg. Die Meinung sagen geht nicht, soziale Kontrolle fällt aus. Das, was etwa vor der Kinokasse reicht, um zu verhindern, dass wer die Regeln bricht und sich vordrängt, nämlich die soziale Kontrolle, ist im Straßenverkehr minimiert. Fußgänger haben darunter besonders zu leiden.

Hier befinden wir uns auch im Grenzgebiet zu dem Kasten »gesellschaftliche Gegebenheiten« in der Grafik weiter oben: Kaum ein Konflikt zwischen Verkehrsteilnehmern wird ausdiskutiert, zumindest nicht, wenn Fahrzeuge involviert sind, die schneller als der Fußgänger unterwegs sind. Das hat folgende Konsequenzen: Man erhält keine *klare* Rückmeldung, wenn man sich selber merkwürdig benimmt, ohne das zu merken und lernt kaum, wie das eigene Verhalten bei anderen ankommt. Man erhält keine Erklärungen dafür, warum ein Anderer etwas Bestimmtes tut (der von uns so titulierte »Idiot« hat etwas vielleicht gar nicht bös gemeint) und kann keine klare Rückmeldung geben. Es entsteht also keine Kommunikation im eigentlichen Sinn, und damit sind Vorurteilen Tür und Tor geöffnet. Der Mangel an Kommunikation in situ müsste durch verstärkte öffentliche Diskussion ausgeglichen werden, und bei der Ausbildung müsste dieses Thema vermutlich mehr als bisher aufgegriffen werden. Die Kommunikation zwischen Fußgängern und Autofahrern würde aber auch durch niedrigere Kfz-Geschwindigkeiten erleichtert, womit der Kreis wieder geschlossen wäre (Towliat 2000).

Wer an panoptischen Aspekten und an grauer Literatur interessiert ist, wird dazu in den nur teilweise veröffentlichten Berichte von Bauer et al. 1981, verfasst am Kuratorium für Verkehrssicherheit in Wien, fündig.

Gesellschaft

Jeden von uns beeinflusst es natürlich, was die soziale Umwelt von bestimmten Tätigkeiten hält. Wenn Gehen bspw. als anstrengend und daher als unsinnig angesehen wird, weil es vermeintlich weniger anstrengende Alternativen gibt, so wird es dem einzelnen Mitglied der Gesellschaft schwer fallen, sich dem völlig zu entziehen. Wenn noch dazu solche Bewertungen über die Zeiten der Kindheit und Jugend hinweg auf uns einwirken, haben wir es mit Sozialisation und nicht nur mit einem modischen Trend zu tun. Wir sind Mitglieder einer Gesellschaft, in welcher unterschiedliche Handlungen und Tätigkeiten einen bestimmten Stellenwert haben, der zu einem mehr oder weniger unreflektierten Bestandteil der Bewertungsschemata auch der Individuen geworden ist, die die

Gesellschaft zusammensetzen, und damit auch zu einem Bestandteil unserer eigenen Bewertungen. Die Übertragung und Verbreitung (die »Diffusion«) dieser Bewertungen erfolgt über die Kontakte und Gespräche von Personen untereinander, über die Medien und durch eigene Beobachtungen der Praxis, des täglichen Geschehens also. Da auch Parlamentarier und andere Politiker bzw. Entscheidungsträger, Planer und Verwaltungsbeamte, Architekten und Exekutivbeamte auf allen Ebenen – lokal, regional, gesamtstaatlich – Mitglieder der Gesellschaft sind, bleiben auch sie von den verbreiteten Bewertungen nicht unbeeinflusst. Dass sie mehr Gestaltungsmöglichkeiten haben als Durchschnittsbürger muss keineswegs bedeuten, dass sie von der öffentlichen Meinung weniger abhängig und weitblickender sind. Die Gestaltungsmöglichkeiten, die sie haben, können jedoch mit stark perpetuierender Wirkung eingesetzt werden und einer Veränderung der öffentlichen Meinung entgegenwirken. Mit dieser beharrenden Kraft muss man rechnen, wenn man gerade dabei ist, den Stellenwert des Gehens als Transportmittel abzuschätzen und Möglichkeiten für eine Erhöhung dieses Stellenwertes zu analysieren (Flyvbjerg 1992/1996). Geänderte Planung? Neue Gesetze? Mehr Forschungsmittel für die Beschäftigung mit dem Gehen? Irgendwie muss den Entscheidungsträgern klar werden, dass es sinnvoll sein könnte, neue Schritte zu unternehmen. Dazu braucht es aber der Signale aus ihrer sozialen Umwelt, die zeigen, dass solche Wagnisse keine die eigene Existenz bedrohenden Dummheiten sind. Die Tendenz, die Bereitschaft der Bürger zu Innovation, im Verkehrs- und Transportbereich zu unterschätzen, hat aber – könnte man sagen – Tradition. Sammer hat schon 1986 gezeigt, wie sehr Politiker diese Innovationsbereitschaft unterschätzen. Dazu tragen natürlich auch die allseits bekannten Lobby-Aktivitäten das ihre bei. Kurz dazu: Die Fläche für den Verkehr muss, wenn man von wenigen Ausnahmen wie der Autobahn absieht, geteilt werden. Infrastrukturplanung, Gesetze und Regeln sowie deren praktische Handhabung sind darauf abzustimmen. Dabei kann man meist nicht additiv vorgehen – jeder Verkehrsteilnehmertyp bekäme dann theoretisch alle seine Bedürfnisse erfüllt – sondern muss häufig Kompromisse eingehen, da die Interessen der Verkehrsteilnehmertypen zum

Teil nicht gut vereinbar und zum Teil geradezu gegensätzlich sind. In dieser Situation kommt es darauf an wer – leger gesagt – die stärkeren Ellbogen hat, um seine Interessen durchzusetzen. Unnötig zu wiederholen, dass es zur Verteidigung der vermeintlichen Interessen der Autofahrer – die man relativ unproblematisch so pauschal bezeichnen kann, stellen sie doch eine relativ homogene Verkehrsteilnehmergruppe dar – sehr kräftige Akteure und Aktivitäten gibt: Industrie, Autofahrerclubs, Gesundheitswesen, Versicherungen, Banken, Gewerkschaften, Mechanikerwerkstätten und Zubehörhandel usw. Für Fußgänger gibt es nichts Vergleichbares. Vielleicht könnte die erste Gruppierung, die sie als Partner erhalten, das Gesundheitswesen sein, dann nämlich, wenn Verkehrsmediziner anfangen, nicht nur über sichere Kindersitze und über Verletzungen von Autoinsassen bei bestimmten Unfalltypen, Aufprallgeschwindigkeiten usw. zu reden sondern auch darüber, dass Gehen gesund ist und das als Fachleute mit Fakten untermauern (z. B. Schwedisches Kommunikationsministerium 1999; siehe Übersicht auf der folgenden Seite). Der Aspekt der Interessensgegensätze, der hier offenbar eine gewichtige Rolle spielt, kommt weiter unten im Kapitel »Marketing« noch einmal zur Sprache.

> *»Die, die glauben, sie hätten keine Zeit für physische Aktivität, müssen sich früher oder später Zeit für ihre Krankheiten nehmen«*
> EDWARD STANLEY, 1826-1893

Der menschliche Körper ist für Bewegung gemacht. Große Teile der schwedischen Bevölkerung sind physisch inaktiv. Bewegung ist einer der wichtigsten positiven Faktoren für Gesundheit und Wohlbefinden. Heute sind sich die Mediziner einig, dass physische Inaktivität ein allgemeiner Risikofaktor für die Gesundheit und mit die Ursache für einen frühen Tod ist. Krankheiten, denen man durch mehr Bewegung vorbauen kann, sind Herz- und Gefäßerkrankungen, Knochenschwächen, Diabetes, Schlafprobleme und Depressionen.

Gesundheitsgewinne durch Radfahren:
Das (schwedische) Institut für Volksgesundheit schätzt, dass die Hälfte der schwedischen Bevölkerung keine ausreichende physische Aktivität aufweist. Von den Personen über 30 sind 20% physisch inaktiv. Entscheidend für die Gesundheitseffekte physischer Aktivität ist, dass diese regelmäßig erfolgt. Eine übliche Schätzung lautet, dass 30 Minute pro Tag über fünf Tage/Woche hinweg völlig ausreichen, um deutliche positive Gesundheitseffekte zu erzielen. Es bedarf weder längerer noch intensiverer Übung als in diesem Ausmaß.

Gesundheitsverluste durch Radfahren
Die großen Verluste für die Volksgesundheit durch Radfahren sind an Unfälle geknüpft. Jedes Jahr sterben ca. 50 Radfahrer und ungefähr 700 verletzen sich schwer bei Verkehrsunfällen. Radfahrer sind auch oft sehr schlechter Luft ausgesetzt, vor allem in größeren Städten. Aber viele Untersuchungen zeigen, dass die Atemluft für Autofahrer an den vergleichbaren Stellen noch schlechter ist, weil Autos näher dem Zentrum des jeweiligen Straßenraumes fahren und die Luft in geringerer Höhe angesaugt wird als beim Radfahren.

Zusammengefasste Gesundheitseffekte
In Dänemark hat man versucht, die Gesundheitseffekte des Radfahrens zusammengefasst zu quantifizieren. Man kam dabei zu der Schätzung, dass die Gesundheitsgewinne durch das Radfahren (im jetzigen Umfang, der ungefähr den doppelten Anteil wie in Österreich beträgt) etwa 600 Lebenslängen pro Jahr entsprechen. Auf der anderen Seite verliert man durch das Radfahren 50 Lebenslängen pro Jahr. Trotz der Unfälle sind die Gesundheitseffekte positiv. Wenn der Straßenraum darüber hinaus noch sicherer gestaltet wird, sind die Gesundheitsgewinne in Summe noch größer. Unfälle werden seltener, und mehr trauen sich, Rad zu fahren.

Können wir mehr Personen dazu bringen, Rad zu fahren?
Die meisten geben an, dass sie glauben, man fühle sich durch physische Bewegung besser. Die meisten meinen auch, dass sie weniger Bewegung machen, als sie sollten und dass sie zu schwer sind. Viele Menschen tun Sachen, die nachweislich schädlich für die Gesundheit sind: zu viel essen, sich falsch ernähren, rauchen oder zu viel Alkohol trinken usw. Es gibt keinen unmittelbaren Zusammenhang zwischen Wissen bzw. Einstellungen und Verhalten. Unmittelbare positive oder negative Effekte haben bedeutend größere Auswirkungen auf das Verhalten als Langzeiteffekte.

Um das Radfahren zu fördern, muss man daher u. a. die direkten positiven Effekte unterstreichen. Das sind bspw. das Gefühl der Freiheit, Zeitgewinn und tägliche gesunde Bewegung am Weg zur Arbeit. Mögliche negative Effekte (die vom Radfahren abhalten) müssen ebenfalls benannt werden, allerdings möglichst in »richtiggestellter« Form: Es regnet weniger als man glaubt. Notwendig ist auch, dass es nicht allzuviele praktische Hindernisse gibt (die ja direkte negative Effekte darstellen, wie Infrastruktur usw.), und dass die soziale Umwelt es als positiv ansieht, Rad zu fahren.

Infrastruktur

Das Argument der Interessenskollision zwischen verschiedenen Formen der Verkehrsteilnahme gilt insbesondere im Bereich der Infrastruktur. Nehmen wir das Beispiel der Verkehrsberuhigung: Vielen Personen mag es in ihrer Rolle als Anrainer recht sein, wenn die Straßen in ihrer Wohnumgebung verkehrsberuhigt sind. Solchen, die zu Fuß oder mit dem Rad unterwegs sind, wird das ebenfalls passen. Aber was heißt verkehrsberuhigt? Verkehrsberuhigt heißt nichts anderes, als dass der Kfz-Verkehr »beruhigt« = verlangsamt und entdynamisiert wird. Aus vielerlei Gründen schätzen Kfz-Lenker dies nicht besonders, und sie und ihre Vertreter intervenieren daher oft gegen derlei Maßnahmen. Das ist ein Hauptgrund dafür, warum es so schwierig ist, eine attraktive Infrastruktur für Fußgänger herzustellen (die nebenbei bemerkt auch in der Lage ist, die Sicherheit beträchtlich zu erhören, wenn sie intelligent geplant und ausgeführt ist). Zum Bereich Infrastruktur gehören auch die festgelegten Tempolimits. Ihre Einhaltung und die schrittweise Ausweitung von Bereichen mit niedrigeren Limits als bisher können die Attraktivität der Verkehrsumwelt für das Gehen beträchtlich erhöhen (Ekman 1999, Risser et al. 2001, Towliat 2000). Bezüglich der Attraktivität kann man das nicht so leicht quantifizieren. E. Pasanen von der Gemeinde Helsinki hat aber versucht, die möglichen Einsparungen an Unfallkosten zu quantifizieren. Diese Schätzungen kann man mit gewissen Einschränkungen als Maß für Attraktivität heranziehen:

Grafik 1: *Potentiale zur Unfallkostensenkung durch Maßnahmen zur Geschwindigkeitskontrolle*

Quelle: Pasanen E. 2001, Gemeinde Helsinki

Fahrzeugeigenschaften

Was das Gehen anbelangt, wird es schwer sein, von der Infrastruktur losgelöste »Fahrzeug«-eigenschaften zu finden, die die Attraktivität des Gehens beeinflussen. Die unterschiedlichen Fahrzeugtypen auf dem Kfz-Sektor dagegen haben in höchstem Maße das Potential, die Verkehrsteilnahme für Kfz-Lenker attraktiv zu machen. Auch auf dem Fahrradmarkt tut sich in den letzten Jahren einiges, was das Radfahren attraktiviert. Vielleicht kann man Schuhe, Tragegeräte – Taschen,

Rucksäcke, Einkaufstaschen mit Rädern –, Schirme und bestimmte Kleidungsstücke, die direkt dem Wetterschutz dienen (alle Kleidung ist ja im weitesten Sinn Wetterschutz) dem Bereich »Fahrzeug« zuordnen, jedenfalls als Analogon. In diesem Fall findet sich bereits einiges auf dem Markt. Speziell in Deutschland, den Niederlanden und in Skandinavien findet sich eine ganze Menge zweckmäßiger und eleganter Accessoires, die das Gehen auch bei mäßigen Witterungsbedingungen attraktiv machen - es gibt kein schlechtes Wetter, nur schlechte Ausrüstung. Das Interessante im »Fahrzeug«-Bereich des Gehens ist, dass Schuhwerk, Kleidung, Regenschutz usw. praktisch nie mit Verkehrsteilnahme – mit dem Zurücklegen von Distanzen – in Verbindung gebracht werden. Dieser paradoxe Aspekt fällt am meisten beim Schuhwerk auf: Es gibt Werbung für Produkte, die mit der Freizeittätigkeit »Laufen«, in Verbindung stehen, aber kaum je für Gehschuhe. Vielleicht ist das das deutlichste Zeichen dafür, dass das Gehen als Verkehrsteilnahme konzeptuell gar nicht existiert? (siehe dazu auch Ausserer & Risser 1997).

Vielleicht sollte aber erwähnt werden, dass eine Schuhfirma im Jahre 1988 die Publikation »Kommunikation und Kultur des Straßenverkehrs« förderte und sich mit der Notwendigkeit befasste, »Verkehr« mehr als nur als das Lenken von Kfz als zu betrachten (Risser 1988, siehe dort).

Die Schönheit liegt im Auge des Betrachters

Zum Abschluss dieses Kapitels und bevor im nächsten Kapitel diskutiert wird, wie man z. B. die Idee, mehr zu gehen schmackhaft macht, wird noch einmal unterstrichen, dass bestimmte Bedingungen für bestimmte Tätigkeiten als attraktiv empfunden werden, abhängig von subjektiven Bewertungen. Diese stehen natürlich im Zusammenhang mit Fakten und Tatsachen. Aber genau diese Abhängigkeit bzw. ihre Form interessiert uns. Wie hängen physische Eigenschaften von Dingen, bzw. wie hängen faktische Voraussetzungen mit ihrer Repräsentation in der Gesellschaft – u. a. mit der Kommunikation über diese Dinge – und mit ihrer Einschätzung durch Individuen zusammen, und wie verteilen sich bestimmte Einschätzungen in der Gesellschaft? Es gibt eine

Reihe sozialpsychologischer und Kommunikationsmodellen, die sich mit diesen Zusammenhängen befassen. Hierher gehören auch die unterschiedlichen Marketingmodelle, in denen Annahmen über Zusammenhänge zwischen Voraussetzungen und ihre Bewertungen zu Regeln geformt werden: Wie ist vorzugehen, um ein Produkt (bspw. Schuhe, Kühlschränke), eine Idee (bspw. Gesundes Leben, Verkehrssicherheit) oder Konzepte (bspw. Verkehrsmittelwahl) zu verkaufen? Siehe dazu Windahl et al. 1992, Bell et al. 1996, Kotler et al. 1996). Dazu mehr im folgenden Kapitel.

Marketing

»Ich machte meine ersten Dollars damit, den Eskimos Kühlschränke zu verkaufen ...«
DAGOBERT DUCK

Es ist ein weitverbreitetes Missverständnis, Marketing sei die Kunst, jedem/jeder alles zu verkaufen.

Wer nachliest, sieht, dass es sich beim Marketing vielmehr um angewandte Kommunikationstheorien handelt und zwar um solche, in denen das Konzept der Partizipation eine wichtige Rolle spielt. Wie jede Kommunikationsform kann Marketing auch manipulativ eingesetzt werden: Werbung ist *ein Bereich* des Marketing, und von daher beziehen ja viele ihre Abneigung. Aber als Grundkonzept ist Marketing lediglich eine zielgruppenorientierte Kommunikationsstrategie, und das Hauptziel des Einsatzes von Marketing-Techniken ist es, Dinge, die man verkaufen will oder schmackhaft machen will, so zu gestalten und so zu präsentieren, dass die anvisierten Zielgruppen zunächst Interesse zeigen und später von der Ware, der Idee, oder dem Konzept, das man anzubieten hat, überzeugt werden.

Hier folgt zunächst einmal ein vereinfachtes Marketingmodell als Einleitung zur dann folgenden Diskussion:

MARKETING
FÜR KOMMERZIELLE UND SOZIALE ZIELSETZUNGEN

Marketing kann in einer Kurzform als die **»Wissenschaft des Tausches zum Zweck der Befriedigung der menschlichen Bedürfnisse«** definiert werden.
Besondere Bedeutung kommt dabei den Grundmechanismen des Tausches – auch im immateriellen Sinn – sowie der optimalen Kombination der Marketinginstrumente zu:

- **»Informations(beschaffungs)politik«**
- **»Produkt-/Angebotspolitik«**
- **»Preis-/Anreizpolitik«**
- **»Verteilungspolitik«**
- **»Kommunikationspolitik«**

Marketing kann als **interdisziplinäre Strategie** einer effizienten Zielerreichung aufgefasst werden, wobei es sich um materielle oder immaterielle Ziele handeln kann.

INFORMATIONSPOLITIK / MARKTFORSCHUNG
Beschaffung der aus marketingwissenschaftlicher Sicht relevanten Daten (Klärung des Ausgangszustandes, Bedürfnis- und Motivforschung, Akzeptanzanalysen, Marktanalysen, Corporate Identity, etc.)

PRODUKT, ANGEBOT	PREIS, ANREIZ	VERTEILUNG
Entwicklung »techn.« Problemlösungen, Produkt- u. Angebotsgestaltung (incl. Dienstleistungen)	Preis- und Kostengestaltung, positive und negative Verhaltensanreize	physische Verteilung von Produkten und Dienstleistungen, Vertriebssysteme, infrastrukturelle Maßnahmen etc.

KREATIVITÄT
Die Entwicklung konkreter Problemlösungen für ein optimales Marketing-Mix erfordert viel Erfahrung und hohe Kreativität in allen Bereichen des Marketing. Hier werden gezielt Kreativitätstechniken eingesetzt.

Quelle: Praschl M. & Risser R. 1996

Zum besseren Verständnis des folgenden Textes möchte ich noch einige Vereinfachungen einführen. Erstens: Gegenstand des Marketing kann alles sein, von banalen Produkten wie Waschmittel oder Kleidungsstücke bis zu einer Idee. Nachfolgend steht »Produkt« in der Regel für diese gesamte Palette, und die Rede kann sein vom Produkt »geänderte Verkehrsmittelwahl«. Personen und Personengruppen, denen etwas angeboten wird, erhalten ihren Namen nach dem Produkttyp: Leute, die Waren oder Dienstleistungen kaufen, sind Kunden. Leute, die von angebotenen Einrichtungen Gebrauch machen, sind Benutzer. Solche Personen, die erst für etwas gewonnen werden müssen – und von denen man annimmt, dass sie auch gewonnen werden können – sind *potentielle* Kunden oder Benutzer. Personen, denen man Ideen oder Konzepte näher bringen will, sind Adressaten usw. Der Einfachheit halber werde ich meist von »Zielgruppen« und »Zielpersonen« sprechen.

Informationsmaßnahmen

Die Zielgruppenorientierung, von der ich oben gesprochen habe, findet ihren Niederschlag vor allem in diesen Informationsmaßnahmen, die immer den ersten Schritt – oder die ersten Schritte – des Gesamtprozesses darstellen sollen. Das Wort »Information« bezieht sich dabei darauf, dass Personen, die Marketingtechniken einsetzen, sich als erstes *selber* informieren müssen und zwar über bekannte Zielgruppen, potentielle Zielgruppen, über deren Eigenschaften und Zusammensetzung und vor allem über deren Meinungen und Werthaltungen, deren Bedürfnisse und Interessen und deren Ziele. Man muss die Wünsche dieser Personen und Gruppen kennen, damit man Charakteristiken und Präsentation des eigenen Angebotes entsprechend modifizieren und somit den Wünschen anpassen kann. Das ist nichts anderes, als der notwendige Beginn einer zweiseitigen und partizipativen Kommunikation: Ich mache meinen Vorschlag, höre mir an, was andere Personen dazu sagen, modifiziere meinen Vorschlag, »teste« ihn nochmal, und beginne dann, bei zufriedenstellender Rückmeldung meinen Vorschlag in die Tat umzusetzen. Methoden bei Informationsmaßnahmen sind soziodemographische Studien, theoretische Vorbereitungen betreffend psychologischer und soziologischer Eigenschaften bestimmter Zielgruppen, das Studium früherer Befragungen von Zielgruppen und v. a. aktuelle eigene empirische Arbeiten, in denen alle Techniken zur Erhebung verbaler Daten zum Einsatz kommen kann. Da ist einmal der Aspekt, dass man nach Bedürfnissen und Interessen fragt, also danach, inwieweit diese durch gegenwärtige und durch zu erwartende Gegebenheiten betroffen sind, bzw. vermutlich betroffen sein werden. Das sind komplexe Fragen, die man im Grunde genommen nicht in standardisierter Form stellen kann: Wie zufrieden ist man mit den Gegebenheiten, mit bestimmten Aspekten, woran liegt es hauptsächlich; was könnte verbessert werden, womit ist man unzufrieden, was sind Gründe für diese Unzufriedenheit; wie reagiert man selber auf bestimmte Gegebenheiten, wie geht man in der Praxis damit um? Wird man von bestimmten Angeboten Gebrauch machen; unter welchen Bedingungen könnte man sich vorstellen, die diesbezügliche Haltung zu revidieren und von einem ursprünglichen Angebot bspw. doch Gebrauch zu machen?

Weiters ist auf das schon erwähnte Problem der Dissonanz Rücksicht zu nehmen: Personen, die von einem Angebot Gebrauch machen müssen, weil sie keine andere Wahl haben, können u. U. ziemlich paradoxe Positivurteile abgeben. Das erfolgt aber kaum systematisch, sodass das Maß der Beeinflussung des Antwortverhaltens durch Dissonanzphänomene mengenmäßig nur schwer abschätzbar ist. Entsprechend explorativ und flexibel muss daher die Vorgangsweise beim Einholen von verbalen Daten sein, sonst erhält man von den Bedürfnissen und Interessen bestimmter Zielgruppen ein falsches Bild.

Ein weiterer interessanter Bereich sind die Interessensdivergenzen und –gegensätze. Aus meiner Sicht sind drei solcher Typen von Widersprüchen relevant:

1. *Intrapersonelle Konflikte:*(»Wer ist stärker: I oder I?« nach Johann Nestroy,
2. *Interpersonelle Konflikte:* solche zwischen unterschiedlichen Personen bzw. Gruppen,
3. *Konflikte Zwischen Individuen/Gruppen und der Gesellschaft:* Wenn etwa eine Person oder eine Gruppe von Personen gewisse gesellschaftliche Konventionen nicht aner-

kennen will wie z. B. die Gesetze der Straßenverkehrsordnung (siehe unten).

Wenn man Dinge plant, entwickelt und zur Verfügung (oder zur Debatte) stellt, von denen sehr unterschiedliche Personen und Gruppen Gebrauch machen sollen, bzw. sich Personen unterschiedlichsten Typs teilen müssen, ist man regelmäßig mit widersprüchlichen Interessen konfrontiert, und es ergeben sich die *genannten interpersonellen Konflikte*. Dabei machen Wissenschafter es sich oft bequem und meinen, deren Auflösung sei Aufgabe der Politik. Es gibt aber sozialwissenschaftliche Hilfen um solche Probleme leichter in den Griff zu bekommen, deren Anwendung Laien oder Mitglieder anderer Disziplinen nicht beherrschen: Gewichtungsmöglichkeiten und Arbeitstechniken zur Interpretation von verbalen Daten, wurden beispielsweise im Rahmen des EU-Projektes TENASSESS vorgeschlagen (Lehner & Risser 1999) und in vielen zugrundeliegenden Arbeiten die dort zitierten wurden (sie auch Praschl & Risser 1996).

Aber nicht nur zwischen Personen und Gruppen gibt es Divergenzen, sondern Widersprüche treten auch innerhalb von Personen oder homogenen Gruppen auf. Ein Beispiel das zu unserem Thema Gehen passt: Viele Leute wissen, dass sie mehr gehen sollten und möchten das sogar tun, können sich dazu aber nicht aufraffen. Entsprechende Untersuchungen fördern solche *intrapersonellen Widersprüche* regelmäßig zu Tage (Risser 1999 und 2000).

Praschl hat im Auftrag des Umweltministeriums auf Basis von ca. 250 Interviews mit Autofahrern einige Mechanismen herausgearbeitet (»15 Phänomene«) die helfen, die Diskrepanz zwischen (besserem) Wissen und Handeln zu erklären (Praschl et al. 1994):

Übersicht 3: 15 Phänomene

Phänomen 1: Identifikation
(emotionale Bindung bzw. Ablehnung)
Identifikation ist ein Konstrukt, das nicht unbedingt mit »vernünftigen« Kriterien zusammenhängt. Es besteht oft eine unmittelbare emotionale Bindung (Identifikation) mit einem Verkehrsmittel oder auch ein unmittelbarer Widerwillen ge-

gen ein Verkehrsmittel, und das hängt u. a. mit dem Image dieses Verkehrsmittels zusammen. Fatalerweise vermitteln gefährliche Verhaltensweisen fast immer ein attraktiveres Image als sichere/ vernünftige Verhaltensweisen. Das Auto wird von etwa der Hälfte der Befragten als Freiheit vermittelnd, lässig-unbeschwert und als risikofreudig empfunden. Der Verdacht liegt nahe, dass viele Personen aus der anderen Hälfte des Samples rationalisierend antworten.

Andererseits geben viele Lenker Angst um die Umwelt (76% machen sich wegen zunehmender Luftbelastung Sorgen) und auch Angst davor an, in einen Unfall verwickelt zu werden (55%). Diese Ängste dürften aber eher sophistisch sein und keine physiologischen Begleiterscheinungen haben wie bei Angst vor einer unmittelbaren Bedrohung. Die Beibehaltung bestehender Gewohnheiten hat dadurch auch keine unmittelbar wirksamen negativen Begleiterscheinungen, die die Identifikation stören würden.

Phänomen 2: Zusatznutzen (»Extra motives«)

Der Begriff wurde vom finnischen Verkehrsforscher Sauli Häkkinnen in den 50er-Jahren geprägt. Er versteht darunter Motive, die nicht unmittelbar mit dem Transportmotiv zu tun haben. Hier einige Beispiele: 76% der Befragten macht das Autofahren Spaß, 72% der Lenker legen großen Wert auf Komfort und Bequemlichkeit im Auto. Für 64% der Befragten ist das Auto in hohem Maße ein Mittel zum Ausdruck und zur Bewahrung der Unabhängigkeit (und letzteres gilt insbesondere für Frauen).

Phänomen 3: Verdrängung

Mit »Verdrängung« ist die Verdrängung und/oder Verharmlosung des Faktums gemeint, dass das Auto eine Belastung der Umwelt darstellt. Von den Befragten bewerten 65% das Auto als grundsätzlich positiv, was ein kritisches Hinterfragen erschwert. 69% meinen, dass es keine Unfälle gäbe, wenn sich alle so verhalten würden, wie sie selbst, und 39% meinen, dass es keine Umweltprobleme gäbe, verhielten sich alle wie sie selbst. Dass man zuerst bei den »größeren Umweltverschmutzern« anfangen sollte, meinen 65% der Befragten, und dass es derzeit in Österreich wichtigere Probleme gibt, als die Umweltbelastung durch Autos, meinen 52%. Schließlich noch: 41% meinen, dass man nicht immer nur an die Folgen für die Umwelt denken kann, sondern das Leben auch einfach genießen können muss.

Phänomen 4: Gewöhnung

Von den Befragten sind 86% der Meinung, dass Autos heutzutage so selbstverständlich sind, dass sich der Einzelne für die Umweltbelastung nicht wirklich verantwortlich fühlt. 39% der Befragten sagen, sie selber hätten sich schon so an das Autofahren gewöhnt, dass ihnen das Umsteigen auf andere Verkehrsmittel schwer fällt. Man könnte die Antworten krass so interpretieren, dass manchen Leuten gar nicht einfällt, dass es auch andere Möglichkeiten der Fortbewegung gibt als das Auto.

Phänomen 5: Darauf kommt es nicht an

Von den Befragten meinen 73%, dass sie sich eigentlich ohnehin umweltfreundlich verhalten, und 34% sind der Meinung, dass sie als einzelne nicht für die Umweltverschmutzung verantwortlich gemacht werden können. Sie bringen zum Ausdruck, dass es auf den Beitrag eines einzelnen nicht ankommt, und dass der Verzicht eines Einzelnen auch keine Probleme lösen kann.

Phänomen 6: Unmittelbarkeit

81% der befragten Lenker meinen, dass sie keine unmittelbaren positiven Auswirkungen auf die Umwelt merken, wenn sie sich umweltbewusst verhalten. 86% der Lenker geben zu, dass sie oft ihr Auto verwenden, weil ihnen der unmittelbare Vorteil (Bequemlichkeit usw.) wichtiger ist als die Vermeidung negativer Konsequenzen für die Umwelt.

Phänomen 7: Situative Einflüsse

51% der Lenker geben an, ihr Auto deswegen so häufig zu verwenden, weil sie es aus beruflichen Gründen brauchen. 42% meinen, sie hätten gar keine andere Möglichkeit, als das Auto zu verwenden. In der Untersuchung wurde nicht näher auf in der Literatur oft geäußerte Vermutung eingegangen, dass es sich bei solchen rationalen Motiven vielfach um »Rationalisierungen« handeln dürfte.

Phänomen 8: Bequemlichkeit/Egoismus

Von den Befragten sind 65% der Meinung, dass sich durch das Auto das Leben der Menschen sehr verbessert hat. 72% geben an, dass sie sehr großen Wert auf Komfort und Bequemlichkeit legen. Und zwischen den Zeilen schwingt mit, dass sie keinen Grund sehen, auf diese Vorteile zu verzichten (86% der Befragten sagen ja, dass der momentane Vorteil spontan oft wichtiger ist, siehe Phänomen 6).

Phänomen 9: Angst/Sozialer Druck

Angst und sozialer Druck beeinflussen üblicherweise unser Verhalten sehr stark. Im Zusammenhang mit der Verkehrssicherheit und mit Umweltproblemen werden oft »Sorgen« zum Ausdruck gebracht:

50%	der Lenker haben davor Angst, im Straßenverkehr in einen Unfall verwickelt zu werden
76%	macht die zunehmende Luftverschmutzung Angst, aber nur 14% verspüren deshalb Angstsymptome
33%	macht das Problem, im Stadtgebiet keinen Parkplatz zu finden, Angst, aber nur 7% verspüren deswegen Angstsymptome
21%	haben in öffentlichen Verkehrsmitteln Angst, z.B. vor Belästigungen (Frauen: 35%)

Sicher wird nur in eher wenigen dieser Fälle Angst im eigentlichen Sinn ausgelöst: Aus der Literatur ist dagegen bekannt, dass manche Leute es geradezu als gesellschaftliche Anforderung betrachten, zur Fortbewegung das Auto zu verwenden. In unseren Interviews ging niemand im Detail auf diesen Aspekt ein, aber knapp 10% der Befragten brachten zum Ausdruck, dass für sie ein Umsteigen unter keinen Umständen in Frage käme.

Phänomen 10: Reaktanz

51% der Befragten würden weitere gesetzliche Einschränkungen des Autogebrauchs als Bevormundung empfinden. 37% halten sich überhaupt ungern an Vorschriften. 95% (!) sind der Meinung, dass die Prominenten aus Wirtschaft und Politik keine guten Vorbilder bezüglich umweltbewussten Verhaltens sind. Das erschwert es offenbar besonders, sich nach Vorschriften zu richten, zumal Vorschriften im weitesten Sinn von Prominenten stammen.

Phänomen 11: Delegierung der Verantwortung

»Nicht einmal die Experten wissen genau über die Folgen des Autogebrauchs Bescheid«, meinen 50% der befragten Wiener Autofahrer. Man will damit wohl sagen, dass es zum Verzicht ja möglicherweise keinen Grund gibt, und dass zunächst einmal die Fakten ordentlich erforscht werden sollten.

Phänomen 12: Mangelndes Wissen

In vielen Fällen geben die Befragten aber auch zu, über bestimmte Fakten und Zusammenhänge bisher nicht richtig informiert gewesen zu sein. Dies bezieht sich sowohl auf messbare Variablen (Luftverschmutzung, Energiebedarf bei der Autoherstellung) als auch auf sogenannte subjektive (z. B. das Ausmaß, wie sich Menschen durch Lärm belastet/belästigt fühlen.)

66%	unterschätzten den Anteil des Straßenverkehrs an der Luftverschmutzung und den Energiebedarf der Autoherstellung
40%	zeigten sich über den hohen Anteil derer, die durch Lärm gestört sind und durch den geringen Wirkungsgrad des Verbrennungsmotors überrascht
34%	war der hohe relative Platzverbrauch bei der Autobenutzung nicht bewusst
15%	zeigten sich von der hohen Anzahl von Verkehrsopfern überrascht

Der überwiegenden Majorität scheint offenbar bewusst zu sein, welche Sicherheitsprobleme der Verkehr schafft, wie die letzte Zeile in dieser Tabelle zeigt.

Phänomen 13: Prisoner's dilemma

Als solches Dilemma wird in der Literatur das Faktum dargestellt, dass wir uns sehr oft der Fairness anderer Menschen nicht sicher sind. Wir gehen oft davon aus, dass andere für sich aus allen möglichen Konstellationen die Vorteile herausholen, während wir selbst »die Dummen« sind, womöglich weil wir versucht haben, fair zu sein. In diesem Sinn hängen die folgenden Aussagen mit dem Prisoner's Dilemma zusammen:
78% der Lenker fordern eine strenge Kontrolle der Einhaltung der Verkehrsvorschriften, und 49% wären bereit zu einer deutlichen Einschränkung des Autogebrauchs, wenn das alle anderen auch tun würden (und wenn man sich dessen sicher sein könnte!). Es muss garantiert sein, dass man nicht selber von vernünftigem Verhalten Nachteile hat, während »alle anderen« Vorteile hätten.

Phänomen 14: Lust an der Unvernunft

Von den befragten Wiener Lenkern sagen 74% aus, dass es Spaß macht, auch manchmal etwas Verrücktes zu tun. Dass das Leben heutzutage sehr vielen Regeln unterworfen ist und man sich auch manchmal austoben können muss, meinen 65% der Befragten. Man kann sich nicht immer nur vernünftig verhalten.

Phänomen 15: Mangelndes Feedback

Unmittelbar hat man nichts davon, wenn man Rücksicht auf die Umwelt nimmt. 81% der Befragten merken keine positiven Auswirkungen auf die Umwelt, wenn sie sich umweltbewusst verhalten, und 46% der Lenker geben an, deswegen so häufig mit dem Auto zu fahren, weil die negativen Konsequenzen in ferner Zukunft nicht wirklich in ihr Bewusstsein dringen.

Neben den interpersonellen und den eben diskutierten intrapersonellen gibt es noch einen dritten Typus von Konflikten, nämlich jenen zwischen *bestimmten Individuen oder Gruppen und der Gesellschaft,* bzw. einem definiertem Gemeinwohl. Das bekannteste Beispiel ist, dass die Behörde im Interesse der Verkehrssicherheit, die ja ein gemeinschaftliches Interesse darstellt, Tempolimits für bestimmte Strecken festlegt, dass aber Autofahrer und deren Vertreter (z. B. Autofahrerclubs) mit der Notwendigkeit bestimmter Limits nicht übereinstimmen und sich dabei mehr vom eigenen Bedürfnis schnell und ungestört weiterzukommen leiten lassen als von gemeinschaftlichen Interessen wie z. B. die Verkehrssicherheit.

Natürlich gibt es noch andere Aspekte, die man bei der Planung, Durchführung und Interpretation von Informationsmaßnahmen berücksichtigen muss, was immer wieder Schwierigkeiten bereitet:

- Mit Personen unterschiedlicher Altersgruppen muss man in der jeweils für diese günstigsten Form kommunizieren. Der Extremfall sind Kinder, die aber praktisch nie in Erhebungen für die Verkehrsplanung eingehen.

- Es ist ein großer Unterschied, ob man jemanden über Voraussetzungen befragt, die bereits bestehen, oder ob man sich Information für neue Planungen holen will – im letzteren Fall muß man etwas noch nicht Existentes für befragte Personen vorstellbar machen.

- Der Charakter von Antworten ist natürlich sehr stark davon abhängig, wie viel Erfahrung jemand mit einem »Produkt« hat. Ein Mensch, der nur zum und vom Auto zu Fuß geht, hat sicherlich eine andere Sicht der Dinge als jemand, der täglich längere Strecken zurücklegt, und Fragen werden teilweise daran angepasst werden müssen. (Den Fall des »potentiellen Kunden«, der das »Waschmittel«, das ich anbiete, noch gar nicht kennt, gibt es, wie im einleitenden Kapitel schon gesagt, im Zusammenhang mit dem Gehen gar nicht, da jeder Mensch ab und zu zu Fuß geht.

Die eben besprochenen Informationsmaßnahmen stellen, wenn man Marketingprinzipien anwenden will, die notwendigen Vorarbeiten für die folgenden Schritte dar:

Produktmaßnahmen

Jede Idee (bspw. Umweltschutz) und jedes Konzept (bspw. Verkehrsmittelwahl) haben Inhalte, die auf bestimmte Art und Weise formalisiert und formuliert werden, so wie jedes physische Produkt, bspw. Schuhe bestimmte Eigenschaften hat: Form und Design, verwendete Materialien, Bequemlichkeit, Funktionalität, etc. Ideen, Konzepte und physische Produkte werden um so mehr Anklang finden, je sorgfältigere Informationsarbeit man geleistet hat, und je besser es gelingt, die Informationsmaßnahmen umzusetzen, sodass Wünsche und Bedürfnisse möglichst vieler unterschiedlicher Zielgruppen berücksichtigt werden. Dabei wird man natürlich nie das Ei des Kolumbus finden. Um bei unserem Hauptthema zu bleiben: Gehen wird kaum als Fortbewegungsart für Strecken über 3 km in nennenswertem Umfang brauchbar sein; man wird bestimmte Widersprüche nicht aus der Welt schaffen können. Infrastruktur, die das Gehen fördert, wird zwangsläufig das Autofahren in seinen Möglichkeiten beschneiden; bestimmte Voraussetzungen wird man deswegen nicht entscheidend verbessern können. Gehen ist immer bis zu einem gewissen Grad anstrengend, und für jemanden, der körperlich faul ist, möglicherweise zu anstrengend. Nicht behebbare Schwächen oder Mängel eines Produkts müssen auf andere Art behandelt werden, u. a. im Rahmen sogenannter Kommunikationsmaßnahmen:

Kommunikationsmaßnahmen

Zielpersonen und Zielgruppen müssen auf Ideen, Konzepte und Produkte aufmerksam gemacht werden. Sie müssen informiert werden, wo es bestimmte Produkte gibt. Es muss auch thematisiert werden, was die Akzeptanz einer Idee oder eines Konzeptes alles mit sich bringt. Kommunikationsmaßnahmen dienen also nicht nur der Werbung, wie das vielfach angenommen wird, sondern auch und vor allem der Information von Zielpersonen und der Diskussion. Ein interessanter Punkt ist dabei: Wie soll man mit Produktschwächen umgehen? Es gibt nichts, was keine Mängel hätte und kaum eine Idee, die ohne Schwierigkeiten umsetzbar ist. Wenn man, was man anbietet, als makellos und als »beste Idee überhaupt« darstellen will, so bedarf es dazu des Ventils des Humors, insbesondere der Selbstironie: »Nobody ist perfect«. Im Ernst so zu tun, als gäbe es bestimmte Schwächen nicht, ist unglaubwürdig und ein wenig lächerlich. Dies hier ist kein Buch über Marketing und daher möchte ich dieses Thema nur streifen. Dennoch möchte ich die folgende These kurz diskutieren, die sich auf das Gehen bezieht, aber sicher verallgemeinert werden kann: Sowohl simple, trockene Information von Zielpersonen und potentiellen Zielpersonen über das Gehen als Fortbewegungsmittel als auch Werbung für diese Fortbewegungsart sind bzw. wären notwendig. Dabei ist *zweiseitige* Information zu befürworten. Nachteile und Schwierigkeiten sollen angesprochen werden. Das erlaubt, sich auf sie einzustellen, wenn man auf ein Angebot einsteigt, und man kommt sich nicht übervorteilt vor. Die Vorteile sollen dem gegenüber gestellt werden. In summa sollte dann sichtbar werden, dass ein Produkt tatsächlich Vorteile für seinen Benutzer bringt, und dass es sich lohnt, davon Gebrauch zu machen. Dinge schmackhaft machen zu wollen, wo bei genauer Überlegung die Nachteile überwiegen, indem man letztere verschweigt, kann bis zum Tatbestand des Betrugs gehen. Etwas weniger dramatisch gesehen, kann es Boomerang-Effekte haben, auf die ich noch zu sprechen komme. Die teilweise spontane, negative Reaktion auf den Begriff »Marketing« lässt sich hauptsächlich auf diese manipulativen Aspekte zurückführen, die mit dem Hintanhalten und Entstellen von Information verbunden sind.

In den großen Bereich der Kommunikationsmaßnahmen fallen auch alle Bemühungen gegenüber Personen und Institutionen, die beim Vermarkten von Produkten behilflich sein können, um gute und tragfähige Beziehungen herzustellen. Damit befasst sich vor allem der große Bereich der Public Relations, wo Aufbau und Pflege solcher Beziehungen systematisch behandelt werden.

Kommunikationsaspekte sind besonders leicht mit dem Gefühl zweitklassig zu sein, in Verbindung zu bringen: z. B. in Abhängigkeit davon, wie professionell informiert und geworben wird, wie viel Witz und Kreativität in Werbung und Information gesteckt werden, wer alles sich einer Sache annimmt u. ä.

Anreize

Ein immanentes Problem, wenn Leute von einem Produkt überzeugt werden sollen, das sie noch nicht kennen, besteht ironischerweise genau darin, dass sie es nicht kennen: Man kann ihnen über Ausprägungsformen und Charakteristiken des Produktes berichten, ihnen Fotos zeigen, über Preise und Spezialangebote informieren und ähnliche konkrete an das Denken und die Vorstellungskraft gerichtete Dinge vermitteln. Aber es ist sehr schwierig bis unmöglich, jemandem, der erst wenig Erfahrung mit einem Produkt hat, darzustellen, wie sich dessen Verwendung »anfühlt«. Ist es leicht, ist es anstrengend, ist es mit unerwarteten Erlebnissen verbunden, ist es bezogen auf die unterschiedlichen Zielsetzungen, die man ansprechen will, effizient?

Das alles muss man ausprobieren, um es zu »wissen«, man muss es selber erfahren haben. Hinsichtlich des Gehens wurde schon mehrfach gesagt, dass praktisch jeder wenigstens in einem MindestAusmaß zu Fuß geht. Die wenigsten wissen aber, wie es tatsächlich ist, längere Strecken zu gehen, zu Fuß einzukaufen, die Kinder zu Fuß in den Kindergarten zu bringen usw. Marketingmodelle sehen vor, dass man Personen dazu bringt, Produkte, die sie nicht oder nur wenig kennen, auszuprobieren. Das heißt, man schafft Voraussetzungen dafür: Der Stand mit der neuen Kaffeemarke im Supermarkt, wo man ein Tässchen Kaffee probieren kann, ist ein einfaches Beispiel für eine Anreizmaßnahme. Hierbei wird man durch den Geschmack des Kaffees direkt überzeugt. Komplexere Beispiele für Anreize sind solche, wo man etwas aufgrund sogenannter extrinsischer Verstärkung ausprobiert – die Verstärkung hat dann mit dem Produkt nicht unmittelbar zu tun, sie kommt von außen. Ein Beispiel: Die Angestellten einer großen Firma werden mehrmals im Jahr zu nach dem Zufallsprinzip ausgewählten, geheimgehaltenen Zeitpunkten in eine Tombola einbezogen. Der Angestellte, dessen Nummer gewinnt, erhält einen Preis, es sei denn, er ist bei einem Arbeitsweg unter 5 km mit dem Auto in die Arbeit gekommen: In diesem Fall geht der Preis in den Jackpot. Die Verstärkung liegt in diesem Fall nicht bei den mit der Verkehrsteilnahme verbundenen Gefühlen sondern in der Verlockung eines Tombolagewinnes. Die Hoffnung auf den Gewinn führt allerdings dazu, dass man verstärkt gehen und mit dem Rad fahren und falls die Möglichkeit besteht ÖV verwenden wird. Somit sammelt man praktische Erfahrungen. Ein unter Fachleuten gut bekanntes Projekt ist das der Firma Giesinger & Kopf in Vorarlberg, wo es in kürzester Zeit gelungen ist, die Angestellten , u. a. mit Hilfe von Anreizen zu geringerer Benutzung des Autos zu bringen (siehe Risser & Ausserer 1997).

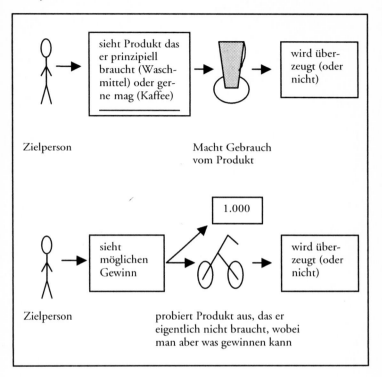

Distribution

Distributionsmaßnahmen enthalten Elemente aller bisher diskutierten Maßnahmentypen. Sie bestimmen mit, wie leicht erreichbar und damit verwendbar ein Produkt wird; Information darüber, wo man ein Produkt erhält, ist eine Kommunikationsmaßnahme; Design und Präsentationsform enthalten Aspekte von Produkt-, Kommunikations- und Anreizmaßnahmen.

Als praktisches Beispiel für Distributionsmaßnahmen im Zusammenhang mit dem Gehen könnte man eventuell die Produktion und feinmaschige Verteilung von speziell auf das Gehen zugeschnittenen Stadtkarten betrachten, mit Kennzeichnung von Gehmöglichkeiten durch Häuserblocks, über Privatgründe, u. ä.

Ganzheitliche Betrachtung

Marketingmodelle sind Kommunikationsmodelle. Ihr Schwerpunkt ist der pragmatische Aspekt der Kommunikation: Man möchte von den Adressaten im Kommunikationsprozess etwas erreichen.

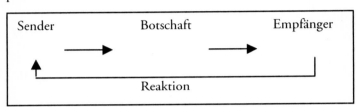

Allgemein besteht die Meinung, dass man dieses Ziel nur dann bzw. in optimaler Form erreicht, wenn man Marketingmaßnahmen in ganzheitlicher, vernetzter Weise einsetzt. Am Beispiel »Gehen« kann man »vernetzt« folgendermaßen skizzieren: Teure und aufwendige Infrastruktur wird nicht im gewünschten Maße geschätzt und verwendet, wenn sie dem Benutzer nicht gefällt.

- Noch so gute Voraussetzungen für das Gehen werden nicht in optimaler Weise genutzt, wenn man Zielpersonen und Zielgruppen nicht auf sie aufmerksam macht und auch für das Gehen wirbt.

- Überredet man Leute, von einem Angebot Gebrauch zu machen, das sich dann als unbefriedigend entpuppt, kann ein Boomerang-Effekt entstehen: »Das mache ich nie wieder«.

- Einseitigkeit und manipulatives Darstellen des Produkts werden leicht als solche durchschaut und meist übel genommen (»die Voraussetzungen für das Gehen in unserem Bezirk sind ohnedies ideal«.).

- Ankündigungen und Werbung ohne entsprechende Umsetzung nehmen den Ankündigungen ihre Kraft: sie bedeuten mit der Zeit nichts mehr und überzeugen niemanden mehr.

Die Grafik auf der nächsten Seite (Übersicht 4) zeigt ein schematisches Marketingmodell. Eine ganzheitliche Betrachtung impliziert, dass man sich bei jeder Marketingaktivität überlegt, inwieweit die einzelnen Felder im Schema gut abgedeckt sind.

Marketing und das spezielle Anliegen dieses Buches

Das spezielle Anliegen dieses Buches wird in den folgenden Kapiteln behandelt. Es wird analysiert und diskutiert, wie das Gefühl, als Fußgänger Verkehrsteilnehmer zweiter Klasse zu sein, theoretisch entstehen kann, wie einige Politiker und Experten das Gehen in unserem Verkehrssystem bewerten, auch im Hinblick auf die unterstellte Zweitklassigkeit, und welche Erlebnisse und Erfahrungen der Verkehrsteilnehmer selber dieses Gefühl nähren und prägen. Als Marketingaktivitäten betrachtet, handelt es sich im weitesten Sinn um Informationsmaßnahmen: Wir versuchen, etwas über die Zielpersonen zu lernen. Die Ergebnisse der Arbeiten werden ansatzweise aber auch einige Vorschläge für die Praxis enthalten, die in die anderen oben erläuterten Bereiche passen. Um zu sehen, inwieweit die Arbeiten im Seminar »Verkehrssoziologie« im Sommersemester 2001 neue Aspekte und Vorschläge erbracht haben, folgt in der Tabelle 4 auf der übernächsten Seite eine Auflistung von Problemen, die in früheren Forschungsarbeiten geortet wurden, mit Fragen, die man den Zielgruppen im Zusammenhang damit stellen muss, und mit möglichen Maßnahmen zur Förderung des Gehens, die sich daraus ergeben.

Die Anpassung von Produkten, Ideen und Vorschlägen an die Bürger und Verkehrsteilnehmer (»Kunden«)

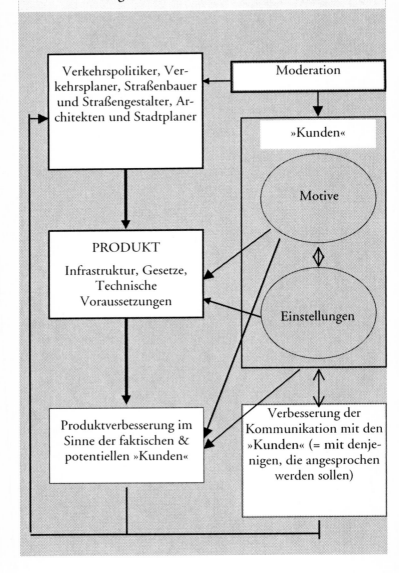

Wer die Kommunikation zwischen Kunden und Experten fördern will, kann diese Übersicht als eine Art Checkliste dafür verwenden, welche Aspekte bei diesem Prozess unbedingt zu beachten sind.

Die hier folgende Tabelle 4 wurde im Jänner 2001 für ein zur Einreichung vorbereitetes Forschungsvorhaben entwickelt. Die Ergebnisse des Seminars März bis Juni 2001 möchte ich dann damit vergleichen.

Tabelle 4: Beispiele von Maßnahmen für Fußgänger

Bereich	Worüber muss man sich informieren? z. B.	Maßnahmen auf Basis der KundInnenwünsche
Detailgestaltung: Rampen-, Gehsteiggestaltung (Abschrägungen, Winkel), Kantengestaltung	Störungen herausfinden, welche Details besonders irritieren	Bessere Detailgestaltung, besseres Finish; testen (muss sich auch objektiv bewähren)
Verkehrstechnische Gestaltung: Führung Strecke, Kreuzungsgestaltung, Dimensionen	Unbeliebte, bspw. als gefährlich empfundene Lösungen herausfinden, Charakteristiken bestimmter Stellen diskutieren	Gestaltung anpassen, neue Lösungen testen (muss sich auch objektiv bewähren); nicht fachgerechte Anlage vermeiden; RVS ergänzen
Zweckentfremdung: Parken, Ladetätigkeit auf Gehsteigen, hineinragende Schilder usw.	Liste der Störungen komplettieren; erheben, wie sehr bestimmte Ereignisse als störend empfunden werden	Überwachung, Instruktion der Gemeindebediensteten., die mit Wartung zu tun haben (Lampen usw.), Gestaltung, damit Zweckentfremdung erschwert wird
Interaktion mit Kfz-Lenkern: abbiegen, wenn Fußgänger grün haben, respektieren Vorrang nicht, etc.	Hauptsächliche Störungen herausfinden (Ängste, Frustration, usw.)	Überwachung, verkehrstechnische Maßnahmen (Lichtsignalregelungen, Aufpflasterungen usw.)

Wegenetz: Flächenab-deckung, Durchlässig-keit, Ästhetik, ÖV-Haltestellen	Wie wird Netz beur-teilt, Ästhetik, Zu-sammenspiel mit ÖV, »Stadt der kurzen Wege«?	Netzergänzungen; Gestaltungsaspekte, Kooperation mit WIENER LINIEN
Beschilderung und Information	Wie gut fühlt man sich über Wege in-formiert, Verbesse-rungsmöglichkeiten?	Information über Gehwege, Zonen; Veranstaltungen, Flugblätter usw.
Reparaturarbeiten: Absicherung, Umlei-tungen	Welche Störungen treten auf (keine Umleitungsbeschilde-rung, schlecht abgesi-chert usw.)	Instruktionsmateriali-en für zuständige Stellen → Standards & Maßnahmen zur Einhaltung
Subjektive Sicherheit: Angst vor allem um Sicherheit der Kinder, ältere Personen auch um eigene Sicherheit	Welche Probleme und welche Anlässe wer-den erlebt; welche Konsequenzen werden gezogen (z.B. Kinder mit Auto in Schule bringen, Haus nicht mehr verlassen)	Erhöhung objektiver Sicherheit durch viele Maßnahmen (s. o. Information mit Tips und Trick zum siche-ren Gehen; Kinder lernen am besten, indem man mit ihnen regelmäßig geht
Image: »Fußgänger gehen absichtlich langsam über Zebra-streifen", »Armeleu-tefortbewegung"	Welche Imagestörun-gen werden empfun-den?	Symbolik: wie bspw. Politiker öffentlich über das Gehen reden, Medieneinbindung; Positive Imageaspekte hervorheben: Fitness, Gesundheit, Stil
Praktische Probleme: Schwierigkeiten mit Einkauf bzw. generell mit Alltagsagenden (sperrige Güter)	Welche Probleme werden erwartet bzw. befürchtet?	Kommunikations-maßnahmen, Testi-monials bekannter Personen mit positi-ven Erfahrungen als Fußgänger; Anreiz-maßnahmen zum Sammeln eigener Erfahrungen

Zweitklassigkeit

>*Gestern ist auf der Bundesstraße ein Fußgänger von einem Auto getötet worden; er war sicher betrunken«.*
Betrunkener Fußgänger, selber schuld ...

Als die offenen Fragen, die Verkehrsteilnehmern im Zuge der Arbeiten im Projekt WALCYNG in vier europäischen Ländern gestellt wurden, u. a. spontan mit Aussagen wie »als Fußgänger wird man nicht für voll genommen« beantwortet wurden, nickten wir alle, die im Projekt mitarbeiteten, zustimmend. Angesichts der vielen Dinge, die sonst noch zu tun waren, bildete die zuständige Arbeitsgruppe die Kategorie »Man fühlt sich als Verkehrsteilnehmer zweiter Klasse.« Man bestimmte auf der Basis von Expertendiskussionen, welche Antworten dieser Kategorie zuzuordnen wären, und das Ergebnis wurde solcherart quantifiziert. Manche bemerkten, dass auch Verkehrswissenschafter, die sich mit nichtmotorisierten Verkehrsteilnehmern bzw. dem Gehen befassen, gewissermaßen als Wissenschafter zweiter Klasse behandelt würden. Von wem, und wie entsteht dieses Gefühl? Dieser Frage wurde nicht systematisch nachgegangen, obwohl dies durchaus interessant wäre. Will man nämlich wissen, wie man dieses Gefühl und damit eine wesentliche Barriere für das Gehen zum Verschwinden bringen kann, muss man zunächst klären, was solche Gefühle auslöst. Erst wenn man die Ursachen kennt kann man sie beseitigen. Diese Frage wurde von drei Studenten im Seminar Verkehrssoziologie, Sommersemester 2001, am soziologischen Instituts der Universität Wien, theoretisch bearbeitet[6].

Warum sehen Fußgänger sich selber als Bürger 2. Klasse?

Laut §1 StVO können öffentliche Straßen von jedermann unter den gleichen Bedingungen benützt werden (siehe kommentierte Straßenverkehrsordnung des ARBÖ 1996). So sieht es die Straßenverkehrsordnung vor, jedoch gibt es im realen Leben Unterschiede zwischen Fußgängern und Autofahrern.

---

[6] Roland Csenar, Peter Horvath & Roman Polzer

Die Fußgänger sehen sich im Straßenverkehr einer Situation ausgesetzt, in der sie sich als Verkehrsteilnehmer zweiter Klasse wahrnehmen.

Allein die Tatsache, dass Autofahrer die physisch stärkere Gruppe darstellen, lässt einen Unterschied zwischen den zwei Gruppierungen erkennen. Aus dieser physischen Stärke der Autofahrer ergeben sich zwangsläufig Situationen im Verkehr, in welchen sich Fußgänger entgegen den rechtlichen Bestimmungen dem Autoverkehr unterwerfen müssen.

Es entsteht eine Art Zweiklassengesellschaft im Straßenverkehr, zumindest aus der Sichtweise der Fußgänger, ungeachtet – wie schon erwähnt – der gesetzlichen Bestimmungen der Straßenverkehrsordnung §1, der das *Recht auf Gleichbehandlung* formuliert.

Zur Selbsteinschätzung als Verkehrsteilnehmer zweiter Klasse

Die Tatsache, dass Fußgänger ihre schlechte Situation im Straßenverkehr wahrnehmen, ergibt sich u. a. aus einem andauernden Vergleich der eigenen Situation mit jener der Autofahrer. Wichtig ist hier der Begriff der Bezugsgruppe (auch Vergleichsgruppe): Nach Festingers Theorie der sozialen Vergleichsprozesse verspüren Menschen das Bedürfnis, ihre eigenen Meinungen und Fähigkeiten zu bewerten. Für diesen Zweck brauchen sie relevante Vergleichspersonen, d. h. Personen, die ihnen in Meinungen und Fähigkeiten ähneln (Ähnlichkeitsthese), denn nur dann ermöglichen soziale Vergleichsprozesse eine stabile Bewertung eigener Meinungen und Fähigkeiten.

Ein Beispiel: Ein Sportler wird nie erfahren, wie gut seine Leistungen in der ausgeführten Sportart wirklich sind, wenn er sich nicht mit anderen Sportlern der selben Sportart und auf einem ähnlichen Niveau vergleicht.

Bei Merton wird die Funktion der Bezugsgruppe erweitert. Sie dient hier nicht nur der Bewertung eigener Meinungen und Fähigkeiten, sondern auch zur Orientierung der eigenen Lage, wobei es sich in diesem Zusammenhang vor allem um Gruppen handelt, denen man selbst nicht angehört (Merton 1968/1949).

Mit dem Begriff *Bezugsgruppe* ist ein weiterer verbunden, der nun von großer Bedeutung ist im Bezug auf das Thema »Fußgänger = Bürger 2. Klasse«: der der relativen Benachteiligung. Das Korrelat dazu ist die relative Besserstellung der anderen Partei.

»Relative Benachteiligung« beinhaltet die Vorstellung, dass niemand seine eigene Situation als absolut schlechter als die andere erfährt, sondern immer nur als Folge eines Vergleichs. Transformiert auf das Thema dieser Arbeit, bedeutet das Folgendes: Fußgänger empfinden ihre Stellung im Straßenverkehr als schlecht, da sie ihre Situation in einem Bezugsrahmen in Relation zur Bezugsgruppe der Autofahrer betrachten.

Wie äußert sich das »2. Klasse-Dasein«

Warum sich Fußgänger als Verkehrsteilnehmer 2. Klasse fühlen, kann am besten an den Maßiven Benachteiligungen vor allem gegenüber den Autofahrern, aber auch in abgeschwächter Form gegenüber den Radfahrern erläutert werden. Diese Benachteiligungen ziehen sich quer durch die unterschiedlichsten Ebenen.

Grafik 5:

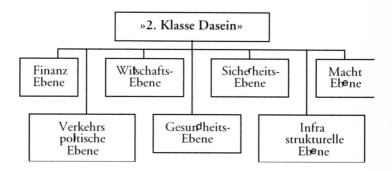

Verkehrspolitische Ebene

Die Benachteiligungen auf dieser Ebene sind in der StVO, insbesondere in dem Paragraphen 76, zu finden. Der Paragraph 76 regelt das Verhalten der Fußgänger im Straßenverkehr. Die Quintessenz daraus ist, dass die Fußgänger an den Rand gedrängt und zu Umwegen gezwungen werden. Benachteiligungen durch die StVO erfahren die Fußgänger hauptsächlich in den von uns anschließend angeführten Absätzen.

- §76 Abs. 5 besagt, dass die Fußgänger die Fahrbahn in angemessener Eile überqueren müssen. Außerhalb von Schutzwegen müssen sie den kürzesten Weg wählen. Hierbei dürfen sie den Fahrzeugverkehr nicht behindern.
- §76 Abs. 6 besagt, dass den Fußgängern Umwege zu Über- und Unterführungen zugemutet werden können, selbst wenn diese bis zu 25 Meter (= etwa 20 Sekunden Umweg) entfernt sind.
- §76 Abs. 9 besagt, dass die Fußgänger Schranken-, Seil- oder Kettenabsperrungen nicht übersteigen, eigenmächtig öffnen oder unter diesen Einrichtungen durchschlüpfen dürfen (VCÖ 1995).

Auch wenn diese Normen der Sicherheit der Fußgänger dienen, verdeutlichen sie doch, dass vornehmlich darauf geachtet wird, dass die Flüssigkeit des Auotoverkehrs nicht leidet.

Finanzielle Ebene

Die Benachteiligungen auf dieser Ebene werden u. a. durch die spärlich angelegten und ausgebaute Gehwege entlang von Bundesstraßen manifest.

- Der Bund zahlt bei Bundesstraßen nur Gehwege in der Breite von 1,5 m, der Rest muss von Gemeinden selbst aufgebracht werden.
- Die Kosten von Gehwegen betragen pro Kilometer aber nur 1,5 Millionen Schilling (ca. 109.000 Euro), die von Bundesstraßen aber pro km 10 Millionen Schilling (726.728 Euro) und die von Autobahnen 100 Millionen Schilling/km (7.267.280 Euro; VCÖ 1993)

Auf der Finanzebene wird für den Komfort der Fußgänger sehr wenig gemacht. Man beschränkt sich hier von Seiten des Bundes auf das »Nötigste«, wobei selbst eine Definitionsfrage ist, worin das Nötigste besteht.

Infrastruktur

Man kann ohne weiteres behaupten, dass Fußgänger durch die bestehende Infrastruktur maßgeblich benachteiligt werden:

a) Das hat die Ursache einerseits in der Verkehrspolitik als einem auf die Verkehrsplanung entscheidend einwirkenden Faktor. Fußgänger werden von dieser Seite als vernachlässigbare Wählergrößen gesehen.

b) Sie werden auch durch die für die Verkehrsplanung verantwortlichen Stellen (ausführende Organe) systematisch benachteiligt. Ihnen wird nicht der nötige Raum für das sichere Vorwärtskommen im Straßenverkehr bewilligt. Hier orientiert sich die Verkehrsplanung vorwiegend an den Interessen der motorisierten Verkehrsteilnehmer.

c) Sie werden schließlich auch durch die Regelungsaspekte im Verkehr entscheidend benachteiligt:

Ad a)

- Fußgänger sind als Wähler vernachlässigbare Größen (siehe u.a. WALCYNG 1996)

- Sie haben keine starke Vertretung, vergleichbar der Kfz-Lobby (Autoindustrie, Erdölindustrie, Autofahrerclubs, Spediteure usw.).

Ad b)

- Außerorts werden Gehwege erst ab einer bestimmten Dichte des Fußgänger- und Kfz-Verkehrs gebaut. Dies ist ein Paradoxon, da sinvollerweise erst durch den Bau von Fußwegen und Gehwegen die Dichte des Fußgängerverkehrs zunehmen sollte.

- Ist bei einer Trassenverbreiterung zu wenig Platz, wird der Gehsteig verengt, d. h. Straßenverbreiterungen gehen im Notfall auf Kosten der Gehwege.

- Radwege gehen zumeist auf Kosten von Gehwegen und sind oftmals von diesen baulich nicht getrennt. Somit kommt es zu Konflikten zwischen diesen beiden Parteien bzw. zu Unfällen, die man dann zu allem Überfluß oft »den Radfahrern« anlastet (VCÖ 1993); dies alles geschieht, um dem Kfz-Verkehr nichts wegzunehmen.

- Die übliche Breite eines Gehweges in Österreich beträgt 1,5 m. Dies ist so wenig, dass es bei Begegnungen von Fußgängern zu Einschränkungen des Bewegungsablaufes kommt.

- Die Reinigung von Gehsteigen muss von den Anrainern durchgeführt werden. Dies ist oft mit starkem Unwillen der Anrainer verbunden, besonders bei großangelegten Gehwegen mit entsprechendem Resultat. Deswegen ist ein sicherer und sauberer Gehweg oft nicht gewährleistet, im Gegensatz zu den von öffentlicher Hand gepflegten Straßen (VCÖ 1993).

- Rechtssystem: Eine Förderungen für Pendler wird als völlig selbstverständlich betrachtet, obwohl damit lange Arbeitswege und Verhüttelung gefördert werden. Warum wird es als so absurd angesehen, Leute zu fördern, die zu Fuß zum Arbeitsplatz gehen, wenn man schon ständig von Nachhaltigkeit redet?

- Verkehrspolitik ist entsprechend psychologischen Regeln zu einem wesentlichen Teil von der persönlichen Perspektive der Betreibenden geprägt. Sie wird damit zur Verkehrspolitik vorwiegend für 30-60jährige, berufstätige Männer, die von Versorgungsarbeit befreit und Autonutzer sind (Flade 1994).

- Es gibt zu wenig Orientierungshilfen (Leitsysteme) für Fußgänger, und von durchgehenden Wegweisesystemen ist man weit entfernt.

- Versorgungseinrichtungen und Kultur- und Freizeitstätten (Kino, Einkaufszentrum, Parks, etc..) sind teilweise ohne Kfz nicht erreichbar.

- Es gibt laufend Behinderungen durch Baustellen: Container, Bauhütten, Gerüste, Werkzeug, etc. werden auf Gehwegen auf- bzw. abgestellt. Auch Behinderungen durch Müllcontainer und Abfalltonnen usw. sind eher die Regel als die Ausnahme.

- Behinderung durch Verkehrszeichen, Ampeln und Werbetafeln (Knoflacher 1995). Durch diese Behinderungen wird der an und für sich eng bemessene Gehweg noch weiter verschmälert. Das Gehen artet oftmals in einen Hindernislauf aus, der vor allem für ältere, bzw. für in ihrer Beweglichkeit auf irgendwelche Art beeinträchtigte Menschen sehr mühsam ist.

- Es mangelt an Sitzgelegenheiten, Mistkübeln, Plätzen zum Unterstellen, Toiletten u. ä. (VCÖ 1993).

Ad c)

- Teilweise ist es erlaubt, auf Gehsteigen zu parken. Teilweise erfolgt solches Parken ganz einfach gesetzeswidrig.
- Vorbeifahren der Autos in knappem Abstand von den Gehwegen reduziert deren Attraktivität (z.b. Spritzwasser).
- Die Ampelregelungen sind auf den Kfz-Verkehr abgestimmt. Dies bedeuten für Fußgänger lange Wartezeiten bei den Ampeln, zu kurze Grünphasen und Stress beim Überqueren der Fahrbahn.

Nach wie vor werden die Fußgänger als eine vernachlässigbare Wählergröße angesehen. Daraus resultiert, dass auf ihre Wünsche und Bedürfnisse in der Verkehrsplanung nur mangelhaft eingegangen wird, wie unter den Punkten a und b festzustellen ist.

Gesundheitsebene

Gesundheitliche Benachteiligungen erwachsen dem Fußgänger durch die Luftverschmutzung und den Lärm des Autoverkehrs.

- Das Krebsrisiko ist aufgrund von Abgasen in Ballungsräumen fünfmal so hoch wie in ländlichen Gebieten.
- Gesundheitliche Grenzwerte an stark befahrenen Straßen werden überschritten. Fußgänger sind diesen gesundheitsschädigenden Abgasen und dem Lärm des Kfz-Verkehrs direkt und ungeschützt ausgesetzt (VCÖ 1995).
- Kleinkinder sind gefährdet, da ihre Atemwege in unmittelbarer Nähe (Höhe) der Auspuffe der Kfz sind (Knoflacher 1995).

Auf der Gesundheitsebene mangelt es vor allem an Schutzeinrichtungen welche die Fußgänger vor zu schnell fahrenden Kfz, vor Verschmutzung, vor Lärm und vor Abgasen schützen.

Machtebene

Die Benachteiligung der Fußgänger manifestiert sich auf der Machtebene vor allem durch die physische Unterlegenheit der Fußgänger.

- Physische Ungleichheit: der Autofahrer ist stärker und nutzt dies auch oft aus.
- Ungleiche Gefährdung: ein Fehler ist für den Fußgänger schnell tödlich.
- Autofahrer achten v. a. auf diejenigen Verkehrsteilnehmer, die sie gefährden. Damit ist eine zu geringe Beachtung und erhöhte Gefährdung der Fußgänger verbunden.
- Fußgänger müssen zeitraubende Umwege auf sich nehmen, u. a. durch Zwang zur Benutzung von Zebrastreifen, Unter- und Überführungen, unökonomische Wegführung. Knoflacher (1995).

Zusammenfassend kann gesagt werden, dass die Fußgänger den Autofahrern in allen oben angeführten Punkten unterlegen sind.

Sicherheitsebene

Benachteiligungen in der Sicherheit lassen sich grob in zwei Kategorien gliedern: a) In jene, die das soziale Ausgesetztsein auslöst (Angst einem kriminellen Delikt zum Opfer zu fallen) und b) jene der erhöhten Unfallgefahr, welche durch die Verkehrsplanung bzw. durch die Verkehrspolitik ausgelöst wird.

Ad a)

- Angst vor Angriffen, Diebstahl, sexueller Belästigung und Vergewaltigung; insbesondere bei Frauen und nachts, wenn der Gehweg zu sehr vom Autoverkehr abgesondert und die Straßenbeleuchtung unzureichend sind. Im Auto fühlt man sich viel sicherer (Gregoritsch und Lehner 1995).

Ad b)

- Sichtbehinderung durch Parken im Kreuzungsbereich. Obwohl dieses Problem technisch leicht zu lösen wäre, wird von öffentlicher Seite nichts Entscheidendes unternommen..

- Aufgrund von starkem Kfz-Verkehr, Geschwindigkeitsüberschreitungen, zu hoch angesetzten Geschwindigkeiten, unsicheren Kreuzungen (verparkte Kreuzungen) und breiten Fahrbahnen werden Straßenüberquerungen zum Risiko für die Fußgänger.

- Insgesamt gibt es zu wenige, oftmals falsch angelegte Fußgängerübergänge, etwas solche, die zurückgesetzt sind und dadurch erhöhtes Unfallrisiko in sich bergen.

- Die Umsteigstellen der ÖV werden durch sogenannte Halteinseln unattraktiv und gefährlich (VCÖ 1995); man hat gegenüber Autofahrern resigniert, die die gesetzliche Vorschrift ignorieren, im Haltestellenbereich nur im Schritttempo vorbeizufahren.

- Sogenannte passive Sicherheitseinrichtungen für Kfz-Lenker (Airbag, etc.) helfen den Fußgängern wenig. Sie wirken sich vielleicht sogar kontraproduktiv aus, da so ein subjektiv höheres Sicherheitsgefühl beim Kfz-Lenker entsteht und dadurch die Risikobereitschaft sich erhöht. Aktive Sicherheitseinrichtungen (Versetzen der Stoßstange, Neigung der Windschutzscheibe usw.), welche einen verbesserten Schutz für Fußgänger im Falle eines Unfalles gewährleisten würden, werden oftmals von den Fahrzeugherstellern mit zum Teil fadenscheinigen Begründungen (negative Auswirkung auf den Cw-Wert, Design usw.) abgelehnt (VCÖ 1993).

Während im Kfz-Verkehr die Sicherheit großgeschrieben wird, wird diese bei den Fußgängern oft vernachlässigt. Durch sogenannte »passive« Sicherheitseinrichtungen wird dem Kfz-Fahrer eine gewisse Sicherheit bereits mit auf den Weg gegeben, wobei hingegen der Fußgänger in vielen Fällen auf sich selbst gestellt ist.

Wirtschaftsebene

Auf dieser Ebene finden sich viele Vorurteile, wie zum Beispiel:

- Fußgänger kosten nur Geld, sie bringen aber keine Einnahmen (zahlen keine Steuern), tragen also nichts zur Wirtschaft bei.

- Fußgänger sind schlechte Kunden. Das Auto ist unumgänglich notwendig für den »ordentlichen« Einkauf. In Wirklichkeit ist die Sachlage jedoch anders. Wo viele Menschen zu Fuß unterwegs sind, blühen die Geschäftsumsätze, und Fußgängerzonen erweisen sich als Magnet für Kauffreudige (VCÖ 2001).
- Bei der Reduktion des Autoverkehrs gehen Arbeitsplätze verloren (WALCYNG 1996).

Viele Experten sind aber in der Zwischenzeit der Meinung, dass man lokal und kleinteilig durch Förderung der Fußgängermobilität die meisten Arbeitsplätze produzieren und erhalten kann.

Da die Wirtschaft einen immer größer werdenden Einfluss auf die Politik – somit auch auf die Verkehrspolitik – ausübt, wäre diese Ebene der geeignetste Ausgangspunkt um das Prestige der Fußgänger zu heben. Vielfach erwiesen sich Vorurteile gegenüber dem Gehen als schlichtweg falsch.

Wie sich das »2. Klasse Dasein« stabilisiert

Einen Erklärungsansatz für die Ursachen dieser sozialen Ungleichheit liefert uns die Theorie der Disparität der Lebensbereiche. Sie behauptet, dass sich in demokratischen Gesellschaften spezifische Wirkungsfaktoren erkennen lassen, die zu einer charakteristischen ungleichen Ausstattung verschiedener menschlicher Lebensbereiche führt. Die Theorie basiert auf der Annahme, dass unter den spezifischen Bedingungen »spätkapitalistischer« Gesellschaften drei fundamentale Aufgaben für die Regierungen entstehen:

1. Sicherung der wirtschaftlichen Stabilität
2. Vermeidung außen- und innenpolitischer Krisen
3. Sicherung der Maßenloyalität gegenüber der Regierung

Gelingt es den Regierungen nicht, diese Aufgaben zu bewältigen, dann haben sie keine Chance, wiedergewählt zu werden. Politik wird in dieser Situation weitgehend zu einer Krisenvermeidungsstrategie. Jene Gesellschaftsbereiche, von denen – selbst wenn es in ihnen Schwierigkeiten und Unzulänglichkeiten gibt – keine Bedrohung der Bewältigung der genannten fundamentalen Regierungsaufgaben zu erwarten ist, haben geringere Chancen, die Aufmerksamkeit der Politik sowie entsprechende staatliche Interventions- und Subventionsleistungen auf sich zu lenken. Aus dem unterschiedlichen Risikogehalt bzw. der variierenden Konfliktfähigkeit und Organisationsfähigkeit der einzelnen Gesellschaftsbereiche ergibt sich so eine bestimmte Prioritätsskala. Die soziale Ungleichheit ergibt sich dadurch, dass verschiedene Lebensbereiche sehr unterschiedliche Zuwendungen erhalten.

Auf der einen Seite stehen die Fußgänger, eine äußerst inhomogene Gruppe, die weder organisiert ist, noch aufgrund von fehlender Homogenität und Sozialisation Konfliktpotential vorweisen kann. Auf der anderen Seite stehen die Autofahrer. Das Auto ist in unserer Gesellschaft nicht nur ein Statussymbol sondern symbolisiert Mobilität. Es existieren nicht nur Interessensverbände für Autofahrer, sondern auch die fest sitzende Meinung, dass auf dem Auto praktisch unsere ganze, leistungsfähige Wirtschaft ruht.

Die Wirtschaft steht jedenfalls hinter dem Autoverkehr. Ganze Industriezweige und eine Unmenge an Arbeitsplätzen sind von der »Flüssigkeit des Autoverkehrs« abhängig. Außerdem bringt der Autoverkehr dem Staat vordergründig Einnahmen. Das hat zur Folge, dass die Konfliktfähigkeit dieser Gruppe gigantisch ist, was wiederum nach der Theorie der Disparität der Lebensbereiche zu Subventionen für Autofahrer führt. Diese ruhigzustellen hat Priorität. Die unorganisierten und »ungefährlichen« Fußgänger ziehen den kürzeren (Bolte 1984).

Die Meinungen von Politikern und Fachleuten

> *Z.B. gilt für das Verhältnis zwischen Implementierung,*
> *Formalpolitik und Realpolitik, dass zentrale Akteure oft*
> *danach trachten, jene Wünsche, die ihnen im formalpo-*
> *litischen Prozess nicht erfüllt werden, bei der Imple-*
> *mentierung im Rahmen der realpolitischen Prozesse er-*
> *füllt zu bekommen, was dem oberflächlichen Betrachter*
> *oft verborgen bleibt.*
>
> Bent Flyvbjerg, Rationalitet og magt

Aus theoretischer Sicht gibt es also mehrere plausible Möglichkeiten, zu erklären, wie Gefühle der Zweitklassigkeit entstehen. Das wichtigste und wesentliche Prinzip dabei ist, dass
man sich selber und die eigene Situation mit anderen Menschen und Gruppen vergleicht, wobei man für diesen Vergleich konkrete Aspekte und Fakten heranzieht, die für den
Bereich in welchem man Vergleiche zieht, mehr oder weniger
relevant sind. Dabei lassen sich Vergleiche am besten dort
ziehen, wo involvierte Personen vermeintlich gleich behandelt
werden sollten. Einige Forderungen nach Gleichbehandlung
sind institutionalisiert, wie z.B. »Gleiches Recht für alle«, bzw.
»Vor dem Gesetz sind alle gleich«. Andere Forderungen sind
Klassiker, denen man nicht offen widersprechen kann oder
darf – man ist sich über die Berechtigung der Forderungen im
Grunde einig – aber aus unterschiedlichsten Gründen vielfach
nicht erfüllt, wie etwa »gleicher Lohn für gleiche Arbeit«.
Für das Gehen gilt, dass die Voraussetzungen bspw. die infra-
strukturellen Bedingungen für unterschiedliche Verkehrsteilnehmertypen gleich sorgfältig geschaffen, kontrolliert und
laufend adaptiert werden sollten. Das Hauptproblem scheint
zu sein, dass bspw. »Fußgänger und Kfz-Lenker, was die Infrastruktur angeht gleich zu behandeln« ein nicht genau messba-
rer Prozess ist. Zu beurteilen, ob eine solche Voraussetzung
erfüllt ist oder nicht, ist in vielen Details Ermessenssache.
Selbst wenn man wissenschaftlich nachweist, dass die Förderung des Gehens auch wirtschaftlich vorteilhaft wäre bzw. ist,
so scheint das für viele eine Glaubensfrage zu sein – die Erde
hat das Zentrum des Weltalls zu bleiben und Galilei muss
abschwören. Menschen die fordern, man solle das Gehen weit

mehr fördern können sozusagen abschwirren. Flyvbjerg hat die Funktion der Macht in solchen Zusammenhängen im Rahmen seiner philosophischen Doktorarbeit thematisiert (1992/1996).

Diese Polemik führt uns zu der Frage: Wie sehen Experten die Voraussetzungen für das Gehen, und zwar IST und SOLL, tatsächlich? Wie sieht das bei den Politikern aus?

Bereits 1986 wurde von Sammer eine Studie durchgeführt, die zeigte, dass Politiker die Bereitschaft der Bevölkerung, umweltfreundliche Innovation im Verkehrsbereich zu akzeptieren, unterschätzen (Sammer 1986). Im gleichen Sinne gab es in der Folge viele andere Erhebungen, die Sammers Resultate im Wesentlichen replizierten. Die Kenntnis der Ergebnisse solcher Studien ist zu den Politikern von heute noch nicht durchgedrungen, oder die Ergebnisse werden schlicht nicht zur Kenntnis genommen, nämlich in dem Sinn, dass man die Einstellung der Bevölkerung nicht zu vermuten, sondern zu untersuchen hat, wenn man sich schon darauf beruft. Die Studie von Ausserer, Kaufmann & Risser (Risser et al. 2001) hat z. B. erst zuletzt wieder gezeigt, dass Politiker, in diesem Fall die Bezirksvorsteher oder ihre Stellvertreter von 21 der 23 Wiener Bezirke es im Prinzip für ausreichend erachten, ihre eigene Meinung zu haben von dem, was die Bevölkerung denkt, und keinen gesteigerten Wert auf diesbezügliche sorgfältige Erhebung legen. Die Studie hat deutlich gemacht, dass die Politiker mit ihren Annahmen nur z. T. Recht haben und dass sie in wesentlichen Punkten völlig daneben liegen: Ganz systematisch wird die Bereitschaft der Bürger unterschätzt, Innovation im Straßenverkehr, auch zugunsten des Gehens und Radfahrens, zu unterstützen. Die Erklärung, warum praktisch über Jahrzehnte hinweg Fakten ignoriert werden, ist schwierig. Zwei mögliche Begründungen neben anderen sind, dass entweder die Ergebnisse diesbezüglicher Untersuchungen nicht bis an die Entscheidungsträger herankommen, oder dass man sie ignoriert, weil man dann freie Hand hat, andere Ziele zu verfolgen als eine nüchterne, vernunft- und faktenbasierte Verkehrspolitik (siehe Flyvbjerg 1992/1996).

Wenn jedenfalls die Fakten bzgl. der Meinungen der Bevölkerung in die Verkehrspolitik keinen Eingang finden, so bedeutet das, dass die Verantwortlichen aufgrund eigener Annahmen agieren. Das Risiko, dass solches Agieren durch die Wirklichkeit bloßgestellt wird, ist gering: Diese These gilt überall dort, wo es Ermessensspielräume gibt. Die statischen Gesetze beim Brückenbau wird man nicht in Zweifel ziehen, da das in einem Fiasko enden würde. Daten mit probabilistischem Charakter aber, die nicht deterministisch, nicht immer, nicht für alle Menschen und Zielgruppen und nicht für alle von ihnen gleich gelten, kann man oft gefahrlos und ohne größeres Risiko für die eigene Karriere vernachlässigen. Wenn die eigenen Entscheidungen als Politiker nicht von Erfolg gekrönt sind, kann man behaupten, andere Entscheidungen hätten zu noch schlimmeren Resultaten geführt. Wenn Dinge anderswo gut funktionieren, besteht immer die Möglichkeit, sich darauf zu berufen, dass das »bei uns« nicht funktionieren würde usw. Kurz, wenn der Faktor Mensch involviert ist, der im wesentlichen das probabilistische Element ausmacht – das gilt für Psychologie, Soziologie, Ökonomie, Politikwissenschaft u. a. – haben Politiker und Entscheidungsträger in vielerlei Hinsicht einen großen Ermessensspielraum bei der Interpretation von Fakten und dabei, welche Konsequenzen daraus zu ziehen sind. Die Folgen von Fehlentscheidungen liegen oft zeitlich zu weit entfernt von den Entscheidungen selber, die Strafe für Misserfolge bleibt somit meist aus (Emberger 1999, Emberger 2001).

Ideologisch gefärbtem Handeln sind damit Tür und Tor geöffnet. In dieser Hinsicht erweist sich auch die immer noch häufig gepflegte Sichtweise als Nachteil, dass sich der Wissenschafter aus den Umsetzungsbereichen fern zu halten habe. Diese Haltung hat dazu geführt, dass man sich zu wenig wissenschaftlich mit Implementierungs- und Evaluierungsforschung befasst hat. Forschung in diesem Bereich würde erlauben, zu lernen und zu systematisieren, wie mit Forschungsergebnissen und Erhebungsdaten aus – etwas gestelzt gesagt – Bereichen mit hohen Anteilen an human factors erfolgreich umgegangen werden kann (Risser & Nickel 2001).

Im Rahmen des Seminars Verkehrssoziologie wurde das Thema »Politikermeinungen« aufgegriffen und von vier StudentInnen behandelt[7]. Sie führten die Experteninterviews durch

---

[7] Katrin Eder, Johann Kerschbaum, Monika Krenn und Nina Lindner.

und schrieben den Rohbericht, der die Grundlage für den Text dieses Kapitels darstellt. Aufgrund der beschränkten Möglichkeiten wurde eine sehr kleine Gruppe von Regional- und Kommunalpolitikern aus Wien und Niederösterreich zum Thema Gehen befragt (fünf Personen). Ihren Aussagen, die in ausführlichen, in eigene Worte gefasste Antworten auf einige wenige, offene und allgemeine Fragen bestanden, wurden die Meinungen und Kommentare einiger Experten (drei Personen) gegenübergestellt. Die Gruppe der Experten hätte leicht etwas größer sein können, aber vom größten Autofahrerclub Österreichs wollte sich niemand für ein Interview zur Verfügung stellen, so dass die Versuche dort aufgegeben wurden, und für ein Interview mit einem/r MitarbeiterIn des zweitgrößten Clubs war die zur Verfügung stehende Zeit zu kurz, ein Interview wäre erst nach Ablauf der durch das Seminar vorgegebenen Fristen möglich gewesen.

Wir versuchten in den Interviews folgende Gesichtspunkte zu beleuchten: Hauptprobleme und Prioritäten zukünftiger Verkehrspolitik, politische Aspekte sowie Stellenwert der Forschung für Fußgänger. Die Fragen wurden allgemein und unter Verwendung möglichst weniger Schlüsselbegriffe gestellt, um so weit als möglich zu spontanen Aussagen zu kommen. Aufgrund der unterschiedlichen Blickwinkel und beruflichen Hintergründe der interviewten Personen werden die Meinungen der politischen Vertreter und der unabhängigen Experten separat angeführt.

Insgesamt wurden bei der Durchführung und der Bearbeitung der Interviews sehr schnell die unterschiedlichen Blickwinkel, vor allem von Politikern und Wissenschaftern deutlich. Die der Bundesregierung nahestehenden Parteien sehen die Hauptprobleme in der Verbesserung der Situation der Autofahrer, entsprechend ihrer Parteilinie. Die Oppositionsparteien erkennen die Schwierigkeiten der Fußgänger und Radfahrer, jedoch vor dem Hintergrund der Reduzierung des Autoverkehrs.

Hauptprobleme im Verkehr

Der Bundesregierung nahestehende Parteien erläuterten spontan Probleme für den Autoverkehr, wie die fehlende Umfahrungsstraße für Wien (alle europäischen Hauptstädte verfügen über eine) oder fehlende Parkplätze. Parkraumbewirtschaftung und verbilligte Anrainergaragen wurden gefordert. Weiters wurde als Problem angeführt, dass die U-Bahn in Wien nicht bis zur Stadtgrenze reicht. Auch die Pendlerproblematik wurde angesprochen.

Vertreter der Oppositionsparteien beklagten die zu kurzen Ampelphasen für Fußgänger, und dass man ständig Parkplätze auf Kosten der Gehsteige (Schrägparker) errichte und beibehalte. Sie unterstrichen die Notwendigkeit eines rechnergesteuerten Ampelschaltprogramms für den ÖV und eines lückenlosen Radnetzes für Wien. Die Philosophie der Planer sei bis dato gewesen »ein Radweg = Rad weg von der Fahrbahn«. In diesem Zusammenhang wurde auf das Lückenschlussprogramm für den Radverkehr mit dem Namen »Radverkehr 2000« verwiesen. Das öffentliche Verkehrsnetz sei ungeeignet den Berufspendlerfluss aufzunehmen.

Benachteiligte Gruppen im Verkehr seien Menschen, die sich den Mobilitätszwang nicht mehr leisten können, wie Leute ohne Zweitauto, vor allem Frauen, Kinder, Behinderte und alte Leute. Der motorisierte Individualverkehr ist bevorzugt und für den öffentlichen Verkehr wurden in der Vergangenheit zu wenige Mittel aufgewendet. Die großen Investitionen in die Westbahn wurden diesbezüglich hervorgehoben.

Die unabhängigen Experten sahen die Probleme darin, dass vor allem Autofahrer und ihre Vertreter ihre Wünsche durchsetzen und keine Scheu vor Konflikten zeigen. Dies würde auch durch die Politik und die Medien getragen. Das Auto wurde als der Hauptunfallverursacher genannt und die Probleme Alkohol, Transitverkehr sowie der Mischverkehr wurden spontan angesprochen. Vom Hauptunfallverursacher ausgehend lägen die Hauptprobleme demnach im Bereich des Automobilverkehrs.

Weiters wurden die Schwierigkeiten in der Abstimmung und Kommunikation der einzelnen Verkehrsteilnehmer untereinander als Hauptkonflikt genannt. Die rechtliche Lage würde dabei die Schwächeren nur auf dem Papier unterstützen. Demzufolge sollten die Gesetze Fußgängern und Radfahrern stärker entgegenkommen.

Vor- und Nachteile von Verkehrsmitteln

Die Regierungsparteien meinten, dass Autofahren zwar bequem jedoch auch teuer sei. Weitere Nachteile sind Staus und die Parkplatzproblematik. Als Nachteil der öffentlichen Verkehrsmittel wurden v. a. die teuren Preise für die Tickets ins Treffen geführt. Der Vorteil des Gehens wird im Gesundheitsaspekt gesehen, aber nur am Land.

Die Opposition sieht die Nachteile des Autos vor allem in LKW-Unfällen, Staus, der Umweltbelastung. Die Kosten für Versicherung und Benzin sind sehr teuer und der psychische Stress beim Autofahren ist gegenüber anderen Verkehrsmitteln auch ein Nachteil. Zu Fuß gehen ist gesünder, und da man beim Gehen aufmerksamer sei, könne man auch ein schönes Stadtbild genießen. Ein wirtschaftlicher Vorteil ist die Belebung von Geschäftsstraßen durch Fußgänger, weiters wirke sich das Gehen auch positiv auf die Sozialkontakte aus.

Von Seite der unabhängigen Experten wird angeführt, dass das Auto vielleicht am Land notwendig sei, dies aber in der Stadt nicht der Fall wäre. Schließlich hat man kein naturgegebenes Recht überall mit dem Auto hinzukommen. Zu Fuß gehen wird als die gesündeste und umweltschonendste Art der Fortbewegung hervorgehoben. »Jede Stunde Autofahren kostet einen Mitmenschen eine Stunde Lebenszeit«. Der Nachteil von Fußgängern ist, dass sie *die* ungeschützten Verkehrsteilnehmer sind, d.h. keine eigene Knautschzone besitzen (dasselbe gilt auch für Motorradfahrer und Radfahrer). Demgegenüber ist der Autofahrer sehr gut geschützt und dadurch wiegt er sich in falscher Sicherheit, denn bei Geschwindigkeiten jenseits von 80 km/h wird der Effekt der Knautschzone schon auf ein Minimum reduziert. Ein Problem ist auch der psychologische Effekt, dass je sicherer ein Auto ist (z.B. ABS, Seitenaufprallschutz usw.), desto höhere Geschwindigkeiten gefahren werden, da die Lenker sich geschützt glauben. Doch durch dieses Ausreizen der Grenzen werden die positiven Effekte der eingebauten Systeme wieder gänzlich oder zum Teil aufgehoben. Dies würde zu Fehleinschätzungen der gesamten Situation und in weiterer Folge zu Unfällen führen.

Image der Verkehrsmittel

Für die Vertreter der Regierungsparteien ist Autofahren eine Prestigesache, bei der gutes Einkommen mit dem Auto repräsentiert wird. Besonders Führerscheinneulinge, die stolz auf ihr neues Auto sind, werden hervorgehoben. Für viele ist das Auto ein Hobby, das aber, so wird auch betont, entzaubert werden sollte.

Von Oppositionsseite wird angeführt, dass bei den ÖV wenig Wert auf den Imagefaktor gelegt wird, weil die Benutzer von öffentlichen Verkehrsmitteln nicht als Meinungsbildner angesehen werden. »Ein Ding, dass kein Image hat, ist schwer in irgendeiner Form als Verkaufsobjekt zu betrachten. Man braucht Marketing dazu, um es den Zielgruppen zu verkaufen«. Ähnlich wie zuvor werden Prestigefaktor und Bequemlichkeit von Autos hervorgehoben. Dabei wird aber auch auf die Vorbildwirkung von Politikern hingewiesen, die schließlich (fast) alle mit dem Auto fahren würden. Als negatives Beispiel zum Image der Radfahrer wurde das Projekt »Fahrradfreundliche Bezirke« angeführt, welches vor einigen Jahren durchgeführt wurde. Dieses wäre ein Reinfall mangels Interesse gewesen, weil nur rationale Argumente verwendet wurden, die nicht die emotionale Ebene getroffen hätten.

Von wissenschaftlicher Seite wird als Hauptgrund für das fehlende Image des Gehens die fehlende Selbstwahrnehmung dieser Gruppe angeführt. Niemand fühlt sich konkret als Fußgänger, während das Image des Autos durch die Werbung extrem profiliert wird. Hier wird auch ein Statusproblem sichtbar, welches sich z. b. in Aussagen von Regionalpolitikern wie »Wien darf nicht Peking werden« widerspiegelt.

Vor allem bei jungen Männern und in ländlichen Gebieten sei das Auto nicht wegzudenken und hier sei es sehr schwierig ein Umdenken zu erzeugen. Dies könnte sich aber auch mit der Bio- und Fitnesswelle ein wenig ändern.

Lobbying

Auf die Frage nach den Gründen, weshalb es für Fußgänger keine Lobby gibt, wurde von Vertretern der Regierungsparteien angeführt, dass die Fußgänger selbst schuld seien, wenn sie sich nicht organisierten. Weiters wird darauf hingewiesen, dass sich die Fußgänger sicher schon organisiert hätten, wenn Probleme bestünden. Betont wird, dass die Politik nicht allmächtig ist, und es auch eine Sache der richtigen Darstellung sei. Schließlich bekämen der VCÖ und andere Organisationen Geld von der Stadt Wien. Dies wird sozusagen für die Förderung von Fußgängeranliegen als ausreichend betrachtet, auch wenn zugegeben wird, dass der VCÖ keine Fußgängerorganisation ist. Zu Missverständnissen führte anscheinend der Gedanke, die Zahl der Autofahrten unter 1 km zu senken: »Gesetzliche Maßnahmen, die Fahrten unter 1 km beschränken, sind eine Beschneidung der Freiheit der Bürger«.

Von den Vertreten der SPÖ und der Grünen wird hervorgehoben, dass die Entscheidungen von Politikern getroffen werden und nicht von anderen Organisationen wie Autofahrerklubs. Daher sei es nicht so wichtig, dass Fußgänger keine Vertreter hätten. Die Politik setze schließlich die Rahmenbedingungen. Das Problem sei nur, dass die Politiker selbst hauptsächlich mit dem Auto unterwegs und damit von persönlichen Erlebnissen geprägt seien. Um dieses Argument zu unterstreichen, wurde ein kleiner Witz zitiert: »Vor kurzem sah ich einen Wiener Stadtrat in der U-Bahn«.

Auf der anderen Seite betonen vor allem die Grünen den Faktor »Wählerpotential«. Es wird konstatiert, dass, wenn Fußgänger ein Wählerpotential darstellten, alle Maßnahmen fußgängerfreundlicher wären. Die Fußgänger stellen aber offenbar kein ernstgenommenes Wählerpotential dar. Die Notwendigkeit von Lobbies und Bürgerinitiativen wird aber gerade im politischen Bereich als essentiell angesehen. »Bei diesen Dingen tut sich nur dann etwas, wenn es direkten Bürgerwiderstand gibt. Es gibt keine vorausplanenden politischen Entscheidungen, die den Leidensdruck vermindern würden«. Demgegenüber betreiben Autofahrerklubs ziemlich direkt Lobbying, und auch die Firmen machen unterschwellige, emotionelle Werbung, die das Auto als Potenz-, Kraft- und Statussymbol, welches Komfort und Sicherheit gewährleistet, darstellt. Dies seien sehr harte Gegner für eine fiktive Fußgängerlobby. Weiters wird betont, dass die meisten Autofahrerclubs sich zu wenig mit Fußgängern beschäftigten. Das Gehen fände in ihrem Denken nicht statt.

Auf die Frage nach Hindernissen für eine Fußgängerorganisation werden von den unabhängigen Experten die Autofahrerlobby aber auch die Geschäftsleute ausgemacht. Von anderer Seite wird angeführt, dass Politiker – die ja auch die Meinungsbildner sind – um ihre Wählerstimmen oder den Sitz in einem Gremium fürchteten und daher nicht wagten dem Fuß- und Radverkehr höhere Priorität einzuräumen. Geschäftsleute seien gegen Fußgängerzonen, weil sie der irrigen Meinung unterlägen, dass nur Autos Geld brächten. Schanigärten würden prinzipiell am Gehsteig und nicht auf Parkplätzen aufgestellt und Dreieckständer, Telefonkästen, Citylights usw. verstellten zusätzlich den Platz für die Fußgänger. Viele unterschiedlichen Gruppen hätten keinerlei Schwierigkeiten damit, zu Fuß gehende Menschen ständig zu behindern.

Die Stärke der Autofahrerlobby wird also sowohl von Politikern als auch von Experten als Hemmnis für das Gehen angesehen. Hinter ihr stünden schließlich viele Wirtschaftszweige: Neben der Autoindustrie selber Werbung, KfZ-Werkstätten, Kfz-Zubehörgeschäfte, Versicherungen, der Gesundheitsbereich usw. Die Frächterlobby sei weiters international sehr stark. Das Hauptargument gegen Maßnahmen ist meist, dass viele Arbeitsplätze an diesen Wirtschaftszweigen hängen. Demgegenüber stünde hinter einer Fußgängerlobby kein Wirtschaftszweig, außer vielleicht die Schuhindustrie, die spezielle Produkte anbieten könnte.

Auch wird festgestellt, dass es bezüglich einer Fußgängerlobby an Initiative fehlt. Nur wenige wären etwa bereit einen Mitgliedsbeitrag zu bezahlen und würden eine spezielle Versicherung in Anspruch nehmen wollen. Die klassische Art, wie sich Lobbies um ihre Kunden kümmern, würde in diesem Fall nicht greifen, und Lobbying ist eben auch eine finanzielle Angelegenheit. Die Medien müssten auch dahinter stehen und einmal ein Problembewusstsein schaffen. Dies geschehe aber nicht. Einzig alternative Verkehrsclubs und grüne Parteien würden sich sehr für das Gehen einsetzen.

Maßnahmen um das Gehen attraktiver zu machen

Die Vertreter der Regierungsparteien sehen keinen Bedarf an neuen Maßnahmen, vielmehr müssten die schon bestehenden stärker überwacht werden. Als Beispiele werden die Aktionstage in Wien angeführt, bei denen die Zebrastreifen überwacht und Geschwindigkeitskontrollen durchgeführt werden. Die nötige Bewusstseinsbildung wird ebenso angesprochen. Es wird jedoch auch betont, dass Maßnahmen oft aufgrund des vermeintlichen Bürgerdrucks abgeschmettert werden.

Von Seiten der Oppositionsparteien wird für eine Reduktion der Parkplätze plädiert, damit die Leute nicht mehr so leicht das Auto wählen. Festgehalten wird aber auch, dass der Ausbau des öffentlichen Verkehrs die Zahl der unnötigen Autofahrten nicht reduziert hat. Das Parkpickerl in Wien z. B., eine spezielle Form der Parkraumbewirtschaftung, werde als temporäre Lösung gesehen, da nun alles wieder überfüllt sei. Die Leute zahlen und lassen ihre alten Gewohnheiten im Grunde unverändert. Es wäre notwendig, keine weiteren Anreize zum Autofahren zu geben sondern Maßnahmen zu setzen, die das Gehen und Radfahren attraktiver machen. Diese sollen nicht als »Gegenmaßnahmen« gegen das Auto verkauft werden, da sonst wieder nur das Auto im Mittelpunkt stünde.

Werbung für Fußgänger sollte die emotionelle Ebene ansprechen und sich nicht nur auf rationale Argumente stützen. Fußgängerzonen sollten attraktiver gestaltet werden, damit sich auch die Frequenz erhöht und ständige Märkte und Gastronomie sollten die Attraktivität der Fußgängerzonen weiter steigern. Auch eine Erneuerung der Fassaden hätte positive Effekte.

Car-Sharing Projekte wurden als positive Ansätze hervorgehoben. Bewusstseinsbildung sollte schon in den Schulen und auch in den Fahrschulen stärker erfolgen. Über die Schule könnte man auch in der Bevölkerung ein breiteres Bewusstsein schaffen. Politik und Medien müssten bei einer Förderung der Fußgänger auch mitspielen. Weiters sollten die Sichtachsen offen und die Fünf-Meter-Regeln[8] eingehalten

---

[8] Bis zu 5m vom Kreuzungsbereich entfernt dürfen entlang der Gehsteigkanten keine Autos geparkt werden.

werden. Büsche und andere Sichthindernisse sollten an gefährlichen Stellen beseitigt werden.

Einen Ansatz, um Autofahrer zu Fußgängern zu machen, sehen die unabhängigen Experten in der Verwirklichung der Kostenwahrheit. Autofahrer zahlen nicht für die von ihnen verursachten externen Effekte. So werden zum Beispiel die Kfz-Versicherungen aus den Haushaltsversicherungen quersubventioniert. Veränderungen könnten nicht auf einmal geschehen, sondern es müsse eine langfristige Taktik, unterstützt durch Werbung in den Printmedien, verfolgt werden. »Man muss das Geld dort abliefern, damit man die Medien auf seiner Seite hat«. Die Verkürzung der Fußgängerwegzeiten, den Bau bzw. die Öffnung von Durchhäusern, das Vorziehen von Gehsteigecken, sowie das Freihalten der Sichtachsen sollten das Gehen attraktiver machen.

Um eine Bewusstseinsänderung herbeizuführen, müsste aber bei der Verkehrserziehung in den Schulen nicht nur das bloße Funktionieren im Verkehr gelernt sondern auch ein Bewusstsein als Fußgänger geschaffen werden. Die Bewusstseinsänderung müsste schon in der Primärsozialisation angesetzt werden, da später nicht nur mehr schwer etwas zu verändern wäre. Man sollte den Eltern auch z. b. in Elternbriefen »einimpfen«, die Kinder nicht mit dem Auto zur Schule zu bringen, sondern zu Fuß, da sie sie sicheres Gehen so am besten lernten und eine Identität als Fußgänger entwickelten. Damit stelle sich auch entsprechendes Verständnis für Fußgänger bzw. für das Gehen ein.

Das wäre sozusagen die Langzeitstrategie, und gleichzeitig müssten die Meinungsbildner ständig weiter bearbeitet werden. Dies müsste nicht immer direkt geschehen, sondern könne unterschwellig erfolgen, z. B. indem auf Foldern zu Kongressen die Anfahrtswege nicht nur für Autobenutzer sondern auch für ÖV beschrieben oder Sammeltaxis angeboten würden; außerdem müssten die Endabschnitte, die man oft zu Fuß zurücklegt, sorgfältig mit Hilfe von Skizzen u. ä. erklärt werden.

Auch im Tourismus stellt man sich auf neue Formen der Mobilität ein. So könnte man kurze Fußverbindungen in der Stadt den Touristen mit Beschilderung usw. bekannt machen. In diesem Zusammenhang wurde auch auf Projekte in westösterreichischen Tourismusorten und in der Schweiz verwiesen, bei denen der Ortskern autofrei gehalten wurde.

Das Problem bei dem Versuch, Autofahrer zu Fußgängern zu machen, liegt vor allem in der Gewohnheit und den schon stark eingefahrenen Rollen. Auch müsse ein Autokauf unserem Denken nach mit entsprechender Nutzung gerechtfertig werden, auch wenn das Auto dann den ganzen Tag vor dem Büro stehe. Der Automatismus der Gewohnheit könnte aber durch genauere Darstellung der Zeit-Kosten-Relationen durchbrochen werden. So stünden die Leute im Auto z. B. oft im Stau, während sie in den öffentlichen Verkehrsmitteln Zeitung lesen könnten. Natürlich fänden sich viele Argumente seitens der Autofahrer gegen die Benutzung der ÖV, die aber meist auf Unkenntnis der Benutzung, bzw. auf Kenntnis bloßer Nutzung bei extremen Witterungsverhältnissen gründeten. Hier ist Informationsbedarf gegeben. Kontraproduktiv für die ÖV-Benutzung und damit verbundenem vermehrtem Gehen seien aber z. B. die unterschiedlichen Preise und die unübersichtlichen Tarifsysteme der ÖV. Die Abstimmung der hochrangigen Verkehrsmittel, wie z.B. Schnellbahnen, müsste verbessert werden, auch über Regions- und Ländergrenzen hinweg. Dies würde im Moment sehr schlecht funktionieren. So bestehe z. B. in Wien ein »Schrebergartendenken«, begrenzt auf das Wiener Stadtgebiet und die U-Bahn, während die ÖBB-Zahler suchten, die über die Stadtgrenzen hinweg denken. Es hätte schließlich keinen Sinn, die Pendler bis zur U-Bahn fahren zu lassen, und dann Park+Ride zu empfehlen, wenn sie sich schon in der Stadt befinden. Sie müssten schon viel früher abgefangen werden müssten. Entweder müssten die Schnellbahnen attraktiver werden oder die U-Bahn über die Stadtgrenze hinaus geführt werden.

Alternative Transportmöglichkeiten wie Nachtbusse, die Kombination von öffentlichen Verkehrsmitteln und Taxi, oder von Gemeinden finanziell unterstützte Taxifahrten seien gute Ansätze, um Autofahrer zum Umsteigen zu bewegen. Diese brauchten vor allem am Anfang sicherlich finanzielle Anreize, und auch die Bürgermeister müssten dahinterstehen.

Car-Sharing oder Maßnahmen wie das Sperren von Schnellspuren auf Autobahnen, wenn nur eine Person im Auto sitzt wie in den USA wären auch Schritte, um die Autofahrten zu reduzieren bzw. Autos besser auszulasten. In Österreich sei letztgenannte Maßnahme zur Zeit politisch jedoch noch undenkbar.

Sicherheitsmaßnahmen

Der Vertreter einer österreichischen Regierungspartei (FP) sah kein Sicherheitsdefizit und Unsicherheitsgefühl bei Fußgängern gegeben und stand Maßnahmen zur Verbesserung der Fußgängersicherheit nur sehr eingeschränkt positiv gegenüber. Tempo 30, Aufpflasterungen usw. seien nur vor Schulen und Krankenhäusern sinnvoll, sonst würden sie nur den Verkehrsfluss behindern. Diese Maßnahmen seien sehr teuer und teilweise sei ein Rückbau des Rückbaus notwendig gewesen. Durch zu viele Aufpflasterungen, Baumkreise usw. würde das Autofahren schließlich fast zum Slalomlauf.

Ein anderer konservativer Politiker sah das Problem von Aufpflasterungen und ähnlichen Maßnahmen vor allem in der mangelnden Akzeptanz durch die Autofahrer. Dies sei darin begründet, dass jeder schnell von A nach B gelangen will und dass man als Autofahrer offenbar davon ausgeht, auch das Recht dazu zu haben. Das Entfernen von Rückbaumaßnahmen in Wien etwa (Mitte/Ende der 90-er-Jahre) hätte aufgrund des Autofahrerdrucks stattgefunden (den man wohl mit Bürgerdruck verwechselt habe). Dabei wird auch auf das Lobbying durch den ÖAMTC verwiesen. Die Bürger würden sich beim ÖAMTC beschweren und dieser gäbe den Druck dann an die Bezirksvorstehung oder gleich ans Ministerium weiter.

Die Vertreter der Opposition bewerteten die Durchführung von baulichen und anderen Maßnahmen zu Verbesserung der Fußgängersicherheit durchgehend als positiv. Tempo 30 Zonen, außer auf Durchzugstraßen, hätten viele Vorteile: Erstens würde die Aufmerksamkeit gegenüber anderen Verkehrsteilnehmern steigen. Studien zu diesem Thema ergaben, dass die Durchschnittsgeschwindigkeit seit Einführung von Tempo 30-Zonen um 20% gesunken ist. Verkehrstechnisch gesehen, sei das sehr viel. Vor allem die dadurch erreichte Verringerung des Bremsweges sei ein Gewinn. Damit wird die Straße wieder besser für Fußgänger zugänglich. Graz gilt für dieses Vorhaben als Vorbild. Schon vor 10 Jahren wurde die ganze Stadt eine 30er Zone mit Ausnahme der Durchzugstraßen. Auch Aufdoppelungen wurden begrüßt, da sie zur Verminderung des Tempos beitrügen und sehr effektiv seien. Gehsteigvorziehungen sollten besonders bei ÖV-Haltestellen vorgenommen werden, um den Spießrutenlauf wegen der Autos beim Ein- und Aussteigen zu beenden. Insgesamt wurde alles, was zur Tempoverminderung beiträgt, positiv bewertet, da Fußgänger sicherer und sichtbarer würden. Zusätzlich könnten z. b. Kinder mit Reflektoren noch besser sichtbar gemacht werden. Weitere Forderungen waren die Verlängerung der Ampelphasen, mehr geregelte Straßenübergänge sowie genügend Zebrastreifen. Behindertengerechte, abgeschrägte Fußgängerübergänge für Rollstuhlfahrer und Lautampeln für Blinde sollten noch stärker eingesetzt werden.

Angesprochen wurden auch Verkehrskommissionen wie in St. Pölten, wo Politik, Gendarmerie und Polizei zusammentreffen. In diesem Gremium werden Probleme angesprochen, Lösungen erarbeitet und Maßnahmen, wie z. B. Tempo 30, werden im Einvernehmen mit der Bevölkerung gesetzt. Ein weiteres Thema waren die Radwege. Diese sollten mit eigenen Abbiegespuren usw. versehen und ins Straßennetz eingebettet werden, um die Sicherheit für Fußgänger und Radfahrer zu erhöhen. Außerdem sollte die Räumung von Rad- und Gehwegen genauso schnell wie jene der Kfz-Flächen erfolgen. Auch die Öffnung der Einbahnen für Radfahrer wurde angesprochen. Es wurde festgehalten, dass nach der Einführung solcher Lösungen keine schweren Unfälle verzeichnet wurden. Probleme bei der Umsetzung von Maßnahmen zugunsten des Gehens hätten ihren Grund oft darin, dass die Autofahrer einfach lauter schreien. Die Politiker hätten Angst um ihre Wählerstimmen. Die größten Hindernisse seien entstehender Nachrang für den Autoverkehr und der Verlust von Parkplätzen. Oft gehe es bei Verkehrsverhandlungen vor Ort nur um einen einzigen Parkplatz. Vor allem bestimmte Parteien, Magistratsbeamte, die Wirtschaftskammer und Autofahrerklubs werden als die vehementesten Gegner solcher Maßnahmen ausgemacht. Tempo-30-Zonen würden auch von Vertretern des öffentlichen Verkehrs bekämpft. Der Grund wäre nicht zuletzt ein rechtlicher, von der Gewerkschaft betonter: Wenn ein Linienbus »unschuldig« mit 32km/h einen Unfall hat, was sich mittels der Tachometerscheibe beweisen lässt, bekommt der Lenker eine Teilschuld. Tempo 30-Zonen müssen alle zwei Jahre neu genehmigt werden. Es besteht die Befürchtung, dass einige in Zukunft nicht mehr genehmigt werden, weil sich Verkehrsbetriebe querlegen.

Die Umwidmung von ganzen Bezirksteilen in Tempo 30-Zonen sei in Wien von einer Magistratsabteilung behindert worden: »Das geht nicht, weil das haben wir noch nirgends gemacht. Sie können alle Tempo-30-Abschnitte einzeln beantragen«. Dies hätten die Grünen dann auch gemacht und mittlerweile seien sie schon sehr weit. Auch kleinere Maßnahmen wie eine stellenweise Verlängerung der Ampelphasen für Fußgänger würden von der MA 46 nicht gefördert. Diese hätte ihre genauen Berechnungen und ließe nicht mit sich verhandeln. Die Fußgänger seien selber schuld, wenn sie die Räumphasen nicht wahrnehmen.

Andererseits, wird kritisiert, verhalte sich die Verwaltung – und sie steht wahrscheinlich für so manche Planungsabteilung in europäischen Städten – selber bei der Einhaltung von Richtlinien oft nicht sehr sorgfältig: Die Richtlinien für die Verkehrsplanung (RVS) und der Straßenbau werde bei weitem nicht immer sorgfältig berücksichtigt.

Desgleichen würden Radwege wegen Kleinigkeiten nicht verwirklicht. So sei in Wien ein Radweg wegen der zu planenden Wegführung an einer einzigen Straßenbahnhaltestelle verhindert worden: Man konnte sich nicht einigen, ob der Radweg davor oder dahinter vorbeiführen solle. Die Wirtschaftskammer und die Wiener Linien seien totale Verhinderer des Radverkehrs. Vor allem die Wiener Linien würden in Radfahrern eher eine Konkurrenz anstatt einer verbündeten Zielgruppe sehen. Auf diese Art finde ein »Divide et impera« zugunsten der Autofahrer bzw. zugunsten der Autoverwendung statt.

Die befragten Verkehrsexperten beurteilten Tempo 30-Zonen als hervorragende Lösungen für den Stadtverkehr. Erstens werde die Rechtsposition der Fußgänger und Radfahrer verbessert, zudem sei jeder Stundenkilometer an Geschwindigkeitsverminderung ein Erfolg, da das den Bremsweg verringere. Es wird aber auch festgehalten, dass das alleinige Aufstellen von Schildern nicht sehr wirksam sei. Tempo 30 müsse immer auch durch bauliche Maßnahmen deutlich gemacht werden, da sonst die Motivation sich einzubremsen gering sei. Durch sichtbare bzw. spürbare Maßnahmen, wie z. B. Aufpflasterungen wird klar gestellt, dass hier eine Wohngegend ist. Schilder hätten keinen Gefühlsaspekt und wären daher nichts weiter als eine weitere Regel bzw. ein Verbot für Autofahrer. Bei baulichen Maßnahmen sei man aber gezwungen zu reagieren, wolle man nicht sein Auto beschädigen. Auch könne die Sinnhaftigkeit von Schildern nicht immer nachvollzogen werden.

Aufpflasterungen haben den Vorteil, dass der Vorrang für Fußgänger verdeutlicht wird, da sich der Autofahrer von seinem urspünglichen Fahrbahnniveau wegbegibt und verlangsamen muss. Vor allem ältere Menschen seien unsicher beim Heruntersteigen von Gehsteigkanten auf die Straße und müssten sich darauf konzentrieren, was die Aufmerksamkeit für den Fließverkehr schmälert. Dasselbe gelte auch für Kinder. Durch Aufpflasterungen sei der Blick freier für den Verkehr, man komme nicht ins Schwanken und könne sicher sein, dass der Autofahrer verlangsamt.

Ampeln sollten einerseits längere, auf Fußgänger abgestimmte Phasen haben und andererseits so geschalten werden, dass die einbiegenden Autos und die Fußgänger nicht gleichzeitig Grün bekommen. Die Fußgängerampel solle vor dem abbiegenden Verkehr Grün bekommen. Dies sei derzeit mitunter umgekehrt, was fatale Folgen habe, da die Autos oft schon mit relativ hoher Geschwindigkeit einbiegen, wenn die Fußgänger gerade zu gehen beginnen.

Vorgezogene Gehsteigecken, im Wienere Volksmund »Ohrwascheln« genannt, verbessern eindeutig die Fußgängersicherheit. Derzeit würden sie aber nur angelegt, wenn es der freien Sicht der Autofahrer diene. Auch seien die Autofahrer wegen der Parkplatzverluste dagegen. Der Straßenrückbau bei Ortseinfahrten, also die Senkung der Geschwindigkeit des Kfz-Verkehrs durch kombinierte optische und die Linienführung betonende Einrichtungen wie Blumentöpfe, Straßenmarkierungen usw. werden begrüßt, da dadurch der Fußgänger im Ort höhere Priorität genössen. Bei Straßenverschmälerungen und Verkehrsinseln wurde aber auch angemerkt, dass Radfahrer und Fußgänger mitunter zu »Fleischbremsen« würden, wenn sie durch Büsche und ähnliches nicht bzw. zu spät sichtbar würden.

Angesprochen wurde auch die Gefährdung von Fußgängern in der Nacht. Hier sollte ein Bewusstsein für die relativ schwere Sichtbarkeit geschaffen werden, die man durch Reflektoren und helle Kleidung verringern könne.

Auf die Frage, woher der Widerstand gegenüber Maßnahmen zur Fußgängersicherheit komme, wurden die Autofahrer, das Taxigewerbe, die Busse (auch öffentliche Verkehrsmittel) und die Müllabfuhr genannt. Um Maßnahmen verständlich zu machen, bedürfe es u. a. der Aufklärung. Diese solle schon von klein auf stattfinden, indem man Kindern die Vorteile solcher Maßnahmen bewusst mache (»Da haben wir es jetzt gut, da können wir uns hinstellen und gut sehen und da parkt niemand«). Wünschenswert ist u. a., dass Kinder dieses Bewusstsein an die Eltern, die ja oft Autofahrer sind, vermitteln. Dies ist erwiesenermaßen eine sehr wirkungsvolle Methode wenn z. B. das Kind zum sich ärgernden Vater sagt: »Aber schau, da war ich auch gestern und da sieht man so gut. Da kann ich alles gut erkennen und ich komme leicht und sicher über die Straße«.

Es wurde auch die Meinung geäußert, dass die Autofahrerlobby langsam umdächte und Fußgängersicherheit zumindest einmal berücksichtige. Dies sei früher nicht der Fall gewesen, da sei es nur um die freie Fahrt für Autos gegangen. Auch bei Straßenunterführungen hätte es eine Trendwende gegeben. Früher seien die Fußgänger unter die Straße verbannt worden, nun würden die Autos unter die Erde verbannt und die Unterflurtrassen oben begrünt und für Fußgänger nutzbar gemacht.

Forschung

Es ist eine Tatsache, dass sich Fußgänger benachteiligt fühlen, aber nur wenigen Politikern war diese Tatsache bekannt. Vor allem grüne Kommunalpolitiker betonten, dass das Sicherheitsgefühl der Fußgänger gestärkt gehört. Die Forschung im Bereich Sicherheit für Fußgänger ist im Vergleich zur Forschung für die Sicherheit des Autos gering. Fehlendes Interesse und mangelnde finanzielle Mittel werden als Gründe dafür genannt.

Von Seiten der Wissenschaft wird festgehalten, dass der Schwerpunkt der Forschung bei Autofahrerverhalten und motorisiertem Verkehr liege. Dabei sind natürlich Aspekte wie Fußgängerverhalten, Fußgängersicherheit oder Konfliktverhalten zwischen verschiedenen Verkehrsteilnehmern enthalten. Es wurde auch auf Studien über die Konflikte bei der Benutzung von Mehrzweckstreifen durch Fußgänger und Radfahrer verwiesen. Die Forschung solle sich nicht nur auf Autos beziehen, sondern den Verkehr als gesamtes System untersuchen. Bei der Sicherheitsforschung läge ein Ansatz natürlich auch bei der passiven Fußgängersicherheit durch die Fahrzeugkonstruktion. Das alles sei aber noch lange nicht ausreichend entwickelt.

Insgesamt wurde festgehalten, dass in den letzten Jahren ein Umdenken stattgefunden habe und nicht mehr nur einseitig geforscht werde. Auch die Architekten müssten wieder lernen, Städte für Fußgänger und nicht für Autos zu planen. Die Konzeptionen seien hier zu lange in Richtung Automobilverkehr gegangen. Nicht zuletzt sollten auch Informationsprogramme für Autofahrer erstellt werden, um ihnen die Fußgängerproblematik bewusst zu machen. Weiters wurde von einem Experten die Einrichtung eines Instituts für Urbanistik angeregt.

Was haben Experten und Politiker eigentlich erzählt?

Insgesamt wurden bei der Durchführung und der Bearbeitung der Interviews sehr schnell die unterschiedlichen Blickwinkel, vor allem zwischen Politkern und Wissenschaftern deutlich. Einige Politiker, das muss man unterstreichen, hatten nur wenig Kenntnis der Materie. Alle Experten waren sich einig, dass der Prozess, Fußgänger zu gleichwertigen Verkehrsteilnehmern zu machen, noch lange nicht abgeschlossen ist. Insgesamt habe ein langsames Umdenken von allen Seiten her eingesetzt. Sogar die Autoindustrie mache sich Gedanken (zumindest in Deutschland), wie man in Ballungsgebieten die Verkehrssysteme insgesamt verbessern kann, damit verschiedenste Verkehrsteilnehmer nebeneinander existieren können.

Das Statement »Fußgänger sind Verkehrsteilnehmer 2. Klasse«, der Untertitel dieses Buches, wurde bei Experten und Politikern auf einer fünfstufigen Skala abgefragt. Auch hier spiegelt sich die Uneinigkeit zu diesem Thema wieder, mit einer gewissen Tendenz zur Zustimmung: Eine interviewte Person meinte, dies treffe überhaupt nicht zu. Zwei Personen sagten, es stimme eher nicht. Eine Person entschied sich für die Mittelkategorie, eine plädierte für »stimme eher zu«, und drei Personen hielten die Aussage für völlig richtig.

Von einigen Vertretern der politischen Parteien wurde uns Material über politische Forderungen zu diesem Thema gezeigt. Dieses bezieht sich mehr oder weniger konkret auf Probleme im Zusammenhang mit dem Gehen, dem Radfahren, dem Autofahren usw. Auffallend ist, dass im Material der FPÖ zwar ein Punkt »Fußgänger und Radfahrer« existiert, und im ersten Satz des Programmpapiers die oberste Priorität des Gehens im Verkehr betont wird, dass sich aber außer verstärkter Überwachung bei Fußgängerübergängen keine einzige Maßnahme für eine steigende Qualität, Attraktivität oder Sicherheit des Gehens findet. Unter dem Punkt »Autofahren in Wien« finden sich dagegen die Forderungen nach einem Rückbau von »schikanösen Fußgängereinrichtungen«, Reduzierung der 30 km/h-Zonen auf »akzeptierbare Bereiche«, die Erhöhung der Tempolimits in dafür geeigneten Straßenbereichen und grüne Welle für Hauptverkehrsstraßen.

Die zum Zeitpunkt der Produktion dieses Buches der österreichischen Bundesregierung nahestehenden Parteien (Mitte-Rechts) sehen die Hauptnotwendigkeit in der Verbesserung der Situation der Autofahrer, entsprechend ihrer Parteilinie. Die Oppositionsparteien (Mitte-Links) erkennen die Schwierigkeiten der Fußgänger und Radfahrer, jedoch vor dem Hintergrund der notwendigen Verminderung des Autoverkehrs. Einer solchen stehen aber vor allem weite Kreise der SPÖ skeptisch gegenüber. Der Eiertanz ist offenbar eine besondere Form des Gehens.

Typisch für unabhängige Experten ist die Wahrnehmung bestehender Probleme und Konflikte *aller* Verkehrsteilnehmer. Anders als die Vertreter der Parteien betrachten sie den Verkehr als Gesamtsystem und versuchen entsprechende Lösungen zu finden, unabhängig von kurzfristigen wirtschaftlichen und politischen Aspekten.

Im Folgenden möchte ich die Aussagen, die wir von Politikern und Experten bekommen haben, noch einmal kurz und pointiert aufzählen und diskutieren:

- In der politischen Diskussion wird der wissenschaftliche Bereich fast systematisch vernachlässigt. Es wird die Glaubwürdigkeit von Studienergebnissen und Fakten angezweifelt bzw. sind diese oft gar nicht bekannt. Der politische Alltag, in dem z. B. Streitereien über Parkplätze und Radwegführungen ohne wissenschaftlichen Blickwinkel schließlich zum Nichtzustandekommen von Maßnahmen führen, weist auf diese Tatsache hin. Ein politisches »Hickhack« prägt die Diskussion und macht Problemlösungen anscheinend unmöglich. Auch in unseren Gesprächen wurden immer wieder die politischen Gegner für Missstände verantwortlich gemacht.

- Oft agieren Politiker nach Klischees, z. B. wenn aufgrund einiger Bürgerbeschwerden Maßnahmen rückgängig gemacht werden. Dabei wird einerseits der zufriedene Bürger vergessen, der die neue Maßnahme begrüßt, jedoch seine Zufriedenheit nicht öffentlich kundtut. Andererseits werden empirische Untersuchungen, die eine allgemeine und differenzierte Meinung der Bevölkerung widerspiegeln, nicht durchgeführt oder ignoriert. Ganz entgegen dem Stand des wissenschaftlichen Wissens wird hartnäckig immer weiter davon ausgegangen, spontane Anrufe und Briefe von Bürgern seien repräsentativ für die Bevölkerungsmeinung. Wenn man ein Naturgesetz derart ignoriert, spürt man die Konsequenzen unmittelbar. Das Ignorieren von Regeln und Erkenntnisse der Human-und Sozialwissenschaften zeitigt meist keine unmittelbaren, unüberwindbaren Probleme, verursacht aber langfristig großen Schaden, wie uns der gesamte Bereich der Verkehrspolitik so gut zeigt.

- Ein wichtiger Hinderungsgrund für die Durchsetzung von vermeintlich unpopulären Maßnahmen ist der befürchtete Verlust von Wählerstimmen. Fußgänger werden nicht als Wählerzielgruppe gesehen, Autofahrer schon.

- Noch gibt es in Österreich keine Vertreter für Fußgänger in der Öffentlichkeit. Die Gründe dafür liegen
  - ✓ *im nicht vorhandenen Bewusstsein der Fußgänger als eigene Verkehrsteilnehmergruppe.* Dadurch versucht diese Gruppe gar nicht, den Anspruch auf Sicherheit, verbesserten Komfort und Einhaltung der für sie vorgesehenen Gesetze öffentlich einzufordern.
  - ✓ *in der Stärke der Autofahrer- und Frächterlobby* die sich im Gegensatz zu den Fußgängern seit Jahrzehnten in den Medien präsentiert und ihre Wünsche einfordert. Sie werden von bedeutenden Wirtschaftszweigen unterstützt. Dies verschafft ihnen auch ein starkes politisches Gewicht. »Fußgänger« sind als Gruppe diffus und vermeintlich wirtschaftlich nicht interessant genug, um auch von dieser Seite Unterstützung zu bekommen. Die Tatsache, dass europaweit weit über drei Viertel der Einkäufe von Fußgängern gemacht werden, ist den wenigsten bekannt oder wird hartnäckig ignoriert. Gemeint ist damit, dass man den ganzen Weg vom Wohnort zum Einkauf bzw. retour geht oder das Auto abgestellt wird und sich mehrere Einkäufe zu Fuß in Serie anschließen. Einkaufszentren am Stadtrand unterstützen eine solche Vorgangsweise. Wenn man im Stadtinneren keine ähnlichen Möglichkeiten vorfindet, ist das ein Wettbewerbsnachteil. So gesehen, sollten Geschäftsbesitzer in zentrumsnaher Lage an einer Fußgängerlobby höchst interessiert sein, die bspw. die Attraktivierung des Gehens fordern und unterstützt.
  - ✓ *in der schlechten Übertragbarkeit von klassischem Lobbying.* Fußgänger seien nicht bereit Mitgliedsbeiträge zu zahlen. Sie hätten auch kein Interesse an speziellen Versicherungen oder anderen auf sie zugeschnittenen Angeboten. Da auch kein Interesse seitens der Wirtschaft bestehe, sind die nötigen finanziellen Mittel kaum aufzutreiben. Gesundheitsministerium, Gesundheitsfonds und andere Institutionen, die Geld zur Förderung der Volksgesundheit zur Verfügung haben, sind noch nicht draufgekommen, wie sehr es ihren Zielen dienen würde, das Gehen zu fördern

und Forschung und Implementierungsmaßnahmen mit diesem Ziel zu unterstützen.

✓ *in Desinteresse von Politik und Medien* (siehe auch den vorhergehenden Punkt)

- Die Notwendigkeit und der positive Nutzen von baulichen Maßnahmen zur Verbesserung der Sicherheit und des Komforts des Gehens werden von den meisten Politikern erkannt. Bei der Umsetzung von solchen baulichen Maßnahmen stößt man in der Praxis aber auf folgende Probleme:

✓ *Politik:* Maßnahmen müssen immer von »oben« her lanciert werden. Die wichtigsten Entscheidungsträger sind die Politiker auf höhere Ebene. Wenn die Stadtregierung und der Bürgermeister nicht hinter einer Maßnahme stehen, gibt es kaum eine Chance auf Durchführung.

✓ *Kfz abhängige Gruppen* wie Taxiunternehmen, Busunternehmen, Ö V, Müllabfuhr und private Autofahrer wehren sich oft gegen Maßnahmen, weil diese für sie u. U. eine Einschränkung bedeuten. Wichtig wäre es, bei diesen Gruppen ein Bewusstsein für die Notwendigkeit von Maßnahmen zur Verbesserung der Sicherheit des Gehens zu schaffen.

✓ *Geschäftstreibende* fürchten Umsatzeinbußen durch die Einrichtung von Fußgängerzonen, oder bei verkehrsberuhigenden Maßnahmen, z. B. bei Parkplatzverlusten. Es ist aber wissenschaftlich erwiesen, dass sich Fußgängerzonen positiv auf das Geschäftsleben auswirken, wenn gewisse Voraussetzungen gegeben sind wie Attraktivität, Sicherheit und Komfort für die Fußgänger. Dieser Umstand müsste den Gewerbetreibenden in differenzierter Form nähergebracht werden.

✓ Der *Verlust von Parkplätzen* scheint einer der wichtigsten Hinderungsgründe bei der Durchführung von baulichen Maßnahmen zu sein. Es handelt sich dabei um ein multidimensionales Problem.

- Politiker fürchten den Zorn der Autofahrer bzw. ihre Interessenvertreter. Bei der Umsetzung von Maßnahmen wird um jeden Parkplatz gefeilscht.

Nicht selten scheitern neue Maßnahmen am Verlust eines einzigen Parkplatzes.

- Anrainer beschweren sich über fehlende Parkmöglichkeiten.
- Gewerbetreibende fürchten Kundenverluste. Sie werden unterstützt von der Wirtschaftskammer, die ihren Anliegen ein starkes politisches Gewicht verleiht.

✓ *Hohe finanzielle Kosten* (wobei das freilich relativ ist), für die niemand vollständig aufkommen will, verhindern oft die Durchführung von baulichen Maßnahmen zugunsten des Gehens, und ein koordiniertes Vorgehen fehlt.

■ Um die Attraktivität des Gehens zu erhöhen, wurden folgende sich ergänzende Maßnahmenansätze genannt:

✓ *Bewusstseinsbildung*
  - Diese sollte ein fixer Bestandteil der primären Sozialisation sein. Bei der Verkehrserziehung in Schulen und Fahrschulen sollte nicht nur das bloße Befolgen von Regeln gelernt werden. Es sollte vielmehr diskutiert werden, wie das System Verkehr de facto funktioniert. Das stellt freilich eine Langzeitstrategie dar, die Geduld erfordert.
  - Den Autofahrern muss die Kostenwahrheit in konkreten Beispielen nähergebracht werden. Das Auto ist das teuerste Verkehrsmittel, sowohl aus volks- als auch aus betriebswirtschaftlicher Perspektive.
  - Auch die Zeit-Kosten-Relation ist den Autofahrern ins Bewusstsein zu rufen (Stau, Parkplatzsuche, Totalverlust der Fahrzeit beim Autofahren, etc.)

✓ *Verhaltensänderung*
  - Ziel muss die Änderung bestehender Gewohnheiten der Verkehrsteilnehmer sein.

✓ *Vorbildwirkung*
  - Schließlich ist auch die Vorbildwirkung von einflussreichen Personen in der Öffentlichkeit (Meinungsmacher, Entscheidungsträger) nicht zu un-

terschätzen. Daher muss auch bei diesen Personen ein Umdenken erfolgen.

✓ *Kommunikationsmaßnahmen:* Man muss versuchen, das Gehen mittels Spezialprogrammen, bzw. indem man es an Trends knüpft, interessanter zu machen (trotz allem: »Walken«).

Lifestyle und Funktion des Gehens (Einkauf, Weg zur Arbeit...) müssen inhaltlich miteinander verbunden werden, denn Gehen ist nicht nur eine Freizeitbeschäftigung. Dazu sollte man die Medien für Werbekampagnen und zur Imageverbesserung heranziehen. Argumente sind zu finden, die für die Journalisten unterstreichen, dass man Gehen als Thema interessant gestalten kann.

Einige konkrete Aussagen

Die Aussagen der befragten Politiker und Experten konnten zu einigen wenigen konkreten Statements verdichtet werden. In der unten folgenden Tabelle stehen diese Aussagen untereinander in der linken Spalte. Zwar wurden noch mehr Themen angerissen und mehr Dinge angemerkt als in der Tabelle wiedergegeben, Kriterium für ihre Auswahl war aber, dass sie den Interviewern als die wichtigsten und mit dem meisten Nachdruck versehenen erschienen und von der Fragestellung, ob man Gehen als Fortbewegungsart zweiter Klasse betrachten kann, relevant sind.

Tabelle 5:
Wie stehen die Interviewten zu bestimmten Statements?

Aussage	SPÖ & Grüne	FPÖ & ÖVP	Exper- tInnen
1 Zusätzlicher Straßenbau ist nötig um die Flüssigkeit des Verkehrs aufrechtzuerhalten / zu gewährleisten.		+	-
2 Eine erhöhte Fußgängerfrequenz bewirkt auch eine höhere Kaufkraft.	+		+

3 Das Prestige des Autos ist ein wichtiger Faktor.	+	+	+
4 Fußgängern fehlt die Selbstwahrnehmung / man fühlt sich nicht als FG.	~*		+
5 Fußgänger haben keine gravierenden Probleme.		+	
6 Politiker berücksichtigen die Bedürfnisse der Fußgänger ausreichend.	~*	+	-
7 Geschäftsleute sind besondere Befürworter des Autoverkehrs.		~	+
8 Sollen Maßnahmen getroffen werden, um das zu Fuß gehen attraktiver zu machen?	+	-	+
9 Sinnvolle Schritte zur Erhöhung der Sicherheit der Fußgänger.	+	-	+

+ = Zustimmung, ~ = teilweiser Zustimmung, – = Ablehnung, * bedeutet, dass beide Parteien in diesem Punkt gegensätzlicher Meinung waren.

Die Statements sind im Hinblick auf ihre Pragmatik formuliert: Sie drücken aus, welche Wirkung bestimmte Voraussetzungen und bestimmte Maßnahmen haben oder hätten, und dazu haben die Interviewten implizit Stellung genommen. Neben den Statements ist in der zweiten Spalte von links dargestellt, wie Regional- und Lokalpolitiker aus Wien und Niederösterreich, die den derzeitigen (2001) Oppositionsparteien SPÖ und Grüne angehören, zu den Aussagen stehen; dort wird bei zwei Aussagen eher deutlich, dass diese beiden Parteien in Verkehrsfragen manchmal recht unterschiedlicher Meinung sind. Ein Stern wurde als Symbol eingeführt, dass bei diesen Fragen zwischen den beiden Oppositionsparteien widersprüchliche Meinungen bestehen.

In der dritten Spalte von links sind die diesbezüglichen Aussagen von Lokal- und Regionalpolitikern (Wien, Niederösterreich) der derzeitigen Regierungsparteien symbolisiert, und in der vierten Spalte die ExpertInnenmeinung.

Neben dem Stern werden in der Tabelle noch einige weitere Symbole verwendet: Das (+) bringt zum Ausdruck, dass man einem Statement zustimmt, die Wellenlinie (~) drückt aus, dass man teilweise zustimmt, ein leeres Feld (»Blank«) drückt aus, dass zu einem Thema keine oder keine deutliche Aussage getroffen bzw. keine Meinung geäußert wurde. Ein (-) sagt aus, dass eine dem Statement entgegengesetzte Meinung zum Ausdruck kam.

Kurz zusammengefasst meinen die befragten *Oppositionspolitiker,* dass erhöhte Fußgängerfrequenz eine erhöhte Kaufkraft vor Ort bewirkt, dass das Prestige des Autos ein wichtiger Faktor sei, dass sich eigentlich niemand als Fußgänger fühle (wobei dies eher die Aussage der SPÖ-Politiker ist), dass Politiker die Bedürfnisse der Fußgänger ausreichend berücksichtigten (auch dem stimmen die Grünen nicht zu), dass Maßnahmen getroffen werden sollten um das Gehen attraktiver zu machen, und dass es auch sinnvoll wäre, weitere Schritte zu Erhöhung der Fußgängersicherheit zu unternehmen.

Die Vertreter der *Regierungsparteien* sind der Ansicht, dass zusätzlicher Straßenbau nötig sei, um die Flüssigkeit des Verkehrs zu gewährleisten, dass das Prestige des Autos ein wichtiger Faktor sei (hier sind sich ja alle einig), dass Fußgänger keine gravierenden Probleme hätten, dass Politiker die Bedürfnisse der Fußgänger ausreichend berücksichtigen, dass Geschäftsleute – jedenfalls bis zu einem gewissen Grad – Befürworter des Autoverkehrs seien, dass man keine Maßnahmen zu treffen brauche, die das Gehen attraktiver machen und auch nichts zur Erhöhung der Fußgängersicherheit unternehmen müsse.

Die befragten *ExpertInnen* meinen, dass kein zusätzlicher Straßenbau nötig sei, um die Flüssigkeit des Verkehrs aufrecht zu erhalten, dass eine erhöhte Fußgängerfrequenz erhöhte Kaufkraft vor Ort bewirke, dass das Prestige des Autos ein wichtiger Faktor sei, dass sich kaum jemand als »Fußgänger« identifiziere, dass Fußgänger sehr wohl gravierende Probleme hätten, dass Politiker die Bedürfnisse der Fußgänger nicht ausreichend berücksichtigten, dass Geschäftsleute besondere Befürworter des Autoverkehrs seien, dass Maßnahmen getroffen werden sollten, um das Gehen attraktiver zu machen und auch Maßnahmen, um die Sicherheit des Gehens zu erhöhen.

Um den Grad der Übereinstimmung der neuen Aussagen in der Tabelle quantitativ darzustellen, kann man folgendermaßen vorgehen: Man nimmt völlige Übereinstimmungen bei den Symbolen als einen Pluspunkt, teilweise Übereinstimmungen als (~) gegenüber (+) als halben Pluspunkt und (~) gegenüber (-) als halben Minuspunkt. Ein leeres Feld gegenüber einem beliebigem anderen Symbol gilt als 0 und gegensätzliche Meinungen als ein Minuspunkt. Die erhaltenen Werte summiert man und dividiert dann durch die Zahl der Aussagen, also durch 9. Der Grad der Übereinstimmung kann damit über alle Aussagen hinweg zwischen −1 und +1 variieren. Die Übereinstimmung zwischen Politikern der Oppositions- parteien und den Experten kann man mit dieser Vorgangsweise so wie in der folgenden Tabelle 6 berechnen.

Tabelle 6: Grade der Übereinstimmung

Aussagen	Oppositions-politiker mit	ExpertInnen	Grad der Übereinstimmung
Aussage 1:		-	0
Aussage 2:	+	+	1
Aussage 3:	+	+	1
Aussage 4:	~	+	0,5
Aussage 5:		-	0
Aussage 6:	~	-	-0,5
Aussage 7:		+	0
Aussage 8:	+	+	1
Aussage 9:	+	+	1
	Summe der Übereinstimmungen:		4

Die Übereinstimmung zwischen Oppositionsparteien und Experten ist demnach 4/9 = 0,44 Punkte. Nach der selben Berechnungsform bilden die Übereinstimmungen zwischen Vertretern der Regierungsparteien und den Experten (-1, 0, 1, 0, -1, -1, 1/2, -1, -1) die Summe −3,5 Punkte. Der Quotient daraus beträgt −3,5/9 = -0,39. Die Übereinstimmungen zwischen Vertretern der Regierungsparteien und jenen der Oppositionsparteien sind schließlich (0, 0, 1, 0, 0, 1/2, 0, -1, -1) und damit ein Übereinstimmungsquotient von -0,5/9 = -0,06. Nun kann man beileibe nicht behaupten, Experten wüssten alles besser als alle anderen Menschen oder hätten das absolute Interpretationsvorrecht, wenn es darum geht, die notwendigen Konsequenzen von nicht deterministisch funktionierenden Daten zu bestimmen. Genauso wenig kann man aber behaupten, Experten wüssten weniger als andere Personen Bescheid darüber, was Daten aus ihrem Arbeitsbereich für die Praxis bedeuten. Auch die Vorstellung, dass Politiker meinen selber entscheiden zu können, wann sie den Rat von Experten anhören – also sozusagen als Meta-Experten agieren – ist nicht sehr beruhigend. Vielmehr bedarf es offenbar eines intensiven Dialogs zwischen beiden Gruppen: Man muss sich der Bedeutung von Daten diskursiv und mit praktischen Versuchen der Umsetzung (z. B. Pilotprojekte) nähern. Dabei sollten, je nachdem, welcher der beiden Gruppen man angehört, Aspekte der politischen Machbarkeit und der öffentlichen Akzeptanz einerseits und Aspekte der Replizierbarkeit von Untersuchungen, der Überprüfbarkeit und Validität von Daten, der notwendigen Methoden zur Untersuchung von Fragestellungen und ähnliches andererseits ins Spiel gebracht, gewürdigt und der anderen Seite erläutert werden. Wenn Politiker agieren, ohne die wissenschaftlichen Grundlagen, das Wissen und die Ansichten von Fachleuten sorgfältig in Betracht zu ziehen, gerät das zum Schaden für die Gesellschaft.

Nun basieren die oben durchgeführten Berechnungen auf extrem kleinen Stichproben, und man braucht sie daher nicht als besonders aussagekräftig anzusehen. Aber wenn sie nur ein Körnchen Wahrheit reflektieren, sind sie höchst bedenklich. Sie legen nahe, dass man die in diesem Buch behandelten Fragestellungen an größeren Stichproben von Entscheidungsträgern und Wissenschaftern und Experten untersuchen sollte. Weiters sollte ein Dialog darüber entwickelt werden, wie man das Vorgehen bei der Sichtung, Berücksichtigung und Umsetzung von Forschungsdaten, die wegen ihres probabilistischen Charakters erst nach Präzisierung und Interpretation anwendbar sind, optimieren kann.

Dass das Auto in der Verkehrspolitik gegenüber anderen Fortbewegungsarten bevorzugt wird, ist so eine Aussage mit probabilistischem Charakter: Es gibt viele wissenschaftliche Belege dafür, es gibt Aussagen von Politikern, die das unterstreichen, und es gibt den Verkehrsalltag, den man systematisch beobachten und beschreiben kann. Alle Daten weisen in die Richtung, dass die Aussage, das Auto würde bevorzugt, stimmt. Nur kann man das mit Beispielen niemals so klar belegen, um genügend Möglichkeiten für die Behauptung blieben, das habe auch seine Vorteile, die es ermöglichen, alles beim alten zu lassen. Worin diese Vorteile bestehen, ist eine zum großen Teil subjektive Frage: eine Frage von Wünschen, Bedürfnissen, Interessen und eine Frage der politischen Macht, die eigene Interpretation davon, was ein Vorteil ist, umzusetzen. Der Aspekt der Gleichbehandlung bzw. ihr Fehlen könnte viele Themen im Verkehrsbereich neben der subjektiven Bewertung auch einer objektivierten, auf Recht und Rechtssprechung basierenden Bewertung, unterziehen.

Vorschläge für die Zukunft

Die folgenden Maßnahmen - darunter auch einige Forschungsprojekte oder gar Forschungsprogramme - wurden in den Experteninterviews empfohlen (ohne Rücksicht auf Überlegungen, inwieweit eine Chance zu deren Finanzierung unter den gegeben Voraussetzungen überhaupt besteht:

- Anreize von Seiten des Arbeitgebers (kleine Preise, Urlaubstage, Bonuszahlungen usw.) wenn man nicht mit dem Auto, sondern zu Fuß (oder zu Fuß & ÖV) zur Arbeit kommt.
- Projekte im Tourismusbereich (»aufofreier Ortskern« in Tourismusorten, Information für Städtetouristen über interessante Fußwege).
- Die Attraktivität des öffentlichen Verkehrs muss gesteigert werden. Eine gewichtige Möglichkeit dazu wäre eine überregionale Zusammenarbeit bei Preisen, Linienführung und Taktfrequenz. Vor allem im Großraum Wien besteht dafür großer Handlungsbedarf.

- Alternative Verkehrsangebote
  - ✓ Sammeltaxi
  - ✓ Car-Sharing (eventuell in Zusammenarbeit mit ÖV).

Tabelle 7 unten enthält diese Vorschläge zur Verbesserung der Situation von Fußgängern im Überblick. Außerdem ist ersichtlich, von welchen Interviewten sie stammen.

Tabelle 7:
Vorschläge zur Verbesserung der Situation von Fußgängern

PROJEKTE	ÖVP	FPÖ	SPÖ	GRÜNE	F*ACTUM	VCÖ	KFV
Anreize von Seiten des Arbeitgebers			+	+	+		
Projekte im Tourismusbereich			+		+		+
Attraktivität des öffentlichen Verkehrs steigern	+		+	+	+		+
Alternatives Verkehrsangebot Sammeltaxi					+		+
Alternatives Verkehrsangebot Car-Sharing					+	+	+

+ vorgeschlagen
* Consulting Unternehmen, spezialisiert auf den Verkehrsbereich

Das nächste Kapitel befasst sich mit den Aussagen von Verkehrsteilnehmern über die Voraussetzungen für das Gehen. Es wird interessant sein, zu sehen, inwieweit die Aussagen der Politiker und Experten reflektieren, dass man überhaupt eine Ahnung von den Bedürfnissen und Interessen der involvierten Verkehrsteilnehmer hat.

Die Sicht der Verkehrsteilnehmer

»Operation gelungen, Patient tot"

Die Arbeiten für dieses Buch bestanden aus drei Teilen. Sie umfassten erstens die theoretische Aufbereitung des Themas: Was führt zu Gefühlen der Zweitklassigkeit und wie äußert sich das; zweitens die Sicht von Experten und Politikern, die auch eine gewisse Portion Introspektion enthält, da sie bei psychologisch zu begründenden Fragen (»haben Fußgänger einen Grund, sich als Verkehrsteilnehmer zweiter Klasse zu fühlen«) natürlich zum Teil von sich auf andere schließen müssen und drittens eine aktuelle Befragung von Verkehrsteilnehmern;[9] davon handelt dieses Kapitel.

Zu einer guten Informationsarbeit im Sinne des Marketingmodells, die ja dazu dient, möglichst viel über Zielgruppen zu lernen (siehe Kapitel über das Marketing auf Seite 48), gehört, sich den Kopf darüber zu zerbrechen, wie bestimmte Personen und Gruppen auf bestimmte Voraussetzungen und Veränderungen im öffentlichen Raum reagieren. Dabei wird man zunächst auf Wissen aus Psychologie und Sozialwissenschaften zurückgreifen; vielleicht findet man auch Untersuchungen in der einschlägigen speziellen Fachliteratur zu Mobilität und Verkehr, wo die gleichen oder verwandte Themen schon unter Beiziehen der »Kunden« behandelt wurden – wo man also Verkehrsteilnehmer befragt hat; und schließlich wird man, nolens-volens, auf eigene Erfahrungen und Bewertungen zurückgreifen: Introspektion ist eine gute Sache, die sehr oft durchaus zufriedenstellende Bewertung und Interpretation des Verhaltens anderer erlaubt. Von Nachteil ist der hohe Unsicherheitsgrad bei Schlüssen von sich auf andere. Man kann nie wissen, ob man wirklich Recht hat, wenn man nicht mit den anderen spricht, wenn man also gleichsam Ethologie des Tierverhaltens statt Psychologie betreibt. Auch Ableitungen aus der psychologischen und sozialwissenschaftlichen Theorie haben ihre Schwächen: Es wird sehr schwer fallen, aufgrund reiner Introspektion oder auf der Basis rein theoretischer

---

[9] Vorbereitung, Organisation, Auswertung und Interpretation der Straßenbefragung von Verkehrsteilnehmern wurden von Stefan Kranewitter, Brigitte Mitterndorfer, Michael Parzer und Elfriede Wagner abgewickelt.

Überlegungen Hypothesen darüber abzuleiten, wie zufrieden z.B. Innsbrucker Fußgänger mit Innsbrucker Fußgängerübergangsstellen sind, und wie sicher sie sich dort fühlen. Wenn man dem »unsicheren« und »unwissenschaftlichen« Charakter von Befragungsdaten nicht traut, vor allem wenn diese qualitativer Natur sind, so wird man sich jedenfalls die Statistiken anschauen und wenigstens stichprobenartig messen und registrieren, was in der Praxis geschieht. Man wird dann auf Basis dieser objektiven Vorgangsweisen möglicherweise feststellen: Viele Fußgänger sind unterwegs, sie bewegen sich ungezwungen, und es passieren fast keine Unfälle – also *müssen* Personen, die zu Fuß unterwegs sind, zufrieden sein, ganz offenbar. Eine solche Vorgangsweise erinnert eben an die schon o. e. Ethologie (Verhaltensforschung), bei der man seine Forschungsobjekte, soweit es sich um Tiere handelt, ja schließlich auch nicht befragen kann, und wo man deren Verhalten mit dem scharfen Geist des Wissenschafters interpretiert. »Zufriedenheit« ist allerdings, was Tiere anlangt, (noch) keine Kategorie.

Nur Befragungen können zutage fördern, was Zielpersonen wirklich meinen, und zwar wenn möglich in Kombination mit objektiven Fakten. Am besten ist, wenn man neue Untersuchungen auf älteren Arbeiten aufbauen kann, was oft illusorisch ist, weil human- und sozialwissenschaftliche Arbeiten im Verkehrsbereich ganz einfach Mangelware sind. Wenn ältere Befragungsdaten vorliegen, dann ist das jedenfalls eine willkommene Hilfe dabei, jene Zusatzfragen zu definieren, die man im Zusammenhang mit einer neuen Untersuchung gern beantwortet hätte.

Ein Beispiel: Wenn bei einer früheren Befragung die »Rücksichtslosigkeit der Autofahrer« als starke Störungsquelle genannt wurde, so möchte man in einer neuen Untersuchung gerne spezifizieren, worin dies eigentlich besteht (Risser et al. 2001).

Man kann sagen, dass Introspektion für die Entwicklung von Hypothesen über die Einstellung von Personen zu bestimmten Dingen und Aspekten geeignet, ja notwendig ist, aber für die Beantwortung der Hypothesen nicht reicht. Theoretische Erwägungen können die praktischen Aspekte des Einzelfalls ohne Einbeziehung von empirischen Daten nicht ausreichend berücksichtigen; und die Verwendung älterer Daten allein erlaubt es nicht neue Erkenntnisse zu gewinnen.

Aktuelle Befragungen sind notwendig, wenn die Haltung spezieller Zielgruppen oder Zielpersonen gegenüber einer Idee, einem Konzept, einem Produkt untersucht werden soll. In unserem Fall gibt es allen Recherchen zufolge keine Erhebungen darüber, auf welchen Voraussetzungen das Gefühl als Fußgänger Verkehrsteilnehmer zweiter Klasse zu sein, beruht. [10].

In der neueren Literatur (z. B. Atteslander 1995) wird unterstrichen, dass z. B. Befragungsinstrumente für die Befragung von Verkehrsteilnehmern unter besonderer Berücksichtigung des Aspekts der Spontaneität qualitativ vorbereitet werden müssen. Es ist ein Unterschied, ob man in standardisierter Fragestellung Personen ankreuzen lässt, bis zu welchem Grad sie sich als Verkehrsteilnehmer zweiter Klasse fühlen, oder der Interviewte bei einer allgemeinen Frage nach Problemen im Zusammenhang mit dem Gehen in eigenen Worten bemerkt, er fühle sich als Verkehrsteilnehmer zweiter Klasse. Erst wenn man spontan diese Antwort bekommt, ist die direkte Frage unter Verwendung des Begriffes der »Zweitklassigkeit« eigentlich korrekt. Anderenfalls könnte man die Formulierung als Unterstellung derjenigen Person ansehen, die das Frageinstrument entwickelt hat und Antworten darauf als Reaktion auf Suggestivfragen, die nicht als valide gelten, begreift. Wie man leicht sehen kann, betrifft dieses Argument psychologische Konstrukte generell – Motive für bestimmte Handlungsweisen, Interessen, Werthaltungen, Bedürfnisse – und nicht nur das Konzept der Zweitklassigkeit. Um jene Konzepte und Begriffe zu finden, die in standardisierte Frageinstrumente eingehen sollen, ist daher eine Vorbereitungsphase, wo Mitglieder der Zielgruppen diese Konzepte und Begriffe selbst zur Sprache bringen und spezifizieren, unumgänglich. Im vorliegenden Fall hatten wir weder Zeit noch Ressourcen, eine

---

[10] Die optimistische Sichtweise, dass man, auf früheren Untersuchungen aufbauend, durch aktuelle Erhebungen neue Erkenntnisse gewinnt, ist ganz generell dadurch in Frage gestellt, dass es selbst zu eminent wichtigen – und leicht als wichtig erkennbaren – Themen, wie subjektive Sicherheit, welche ohne Zweifel die Verkehrsmittelwahl stark beeinflußt, keinerlei Datenbanken gibt.

ausführliche qualitative Vorbereitung nach den Regeln der Kunst zu treffen. Wir behalfen uns mit folgender Vorgangsweise:

1) Die qualitativen Befragungen aus dem Projekt WALCYNG[11] wurden als eine Basis herangezogen;

2) im Rahmen der theoretischen Vorbereitungen der Befragungen wurde Material für Fragen zusammengestellt, und

3) wurde vom Konzept der Introspektion Gebrauch gemacht, um eine Fragenliste mit noch allgemein gehaltenen Fragen zu entwickeln. Diese Fragenliste wurde an Freunden und Bekannten der elf beteiligten StudentInnen »ausprobiert« Dabei waren Verständlichkeit, Nachvollziehbarkeit und Relevanz von in der Liste enthaltenen Konzepten, Begriffen und Fragen zu kommentieren und das Material, wo das notwendig schien, zu ergänzen. Auf diese Art wurde eine gewisse Validierung des Materials erreicht. Man darf behaupten, dass wir in der standardisierten Befragung Themen von einer gewissen praktischen Wichtigkeit für die Befragten behandelt haben, und dass es sich dabei nicht um einen sophistischen Akt hehandelt hat oder um die quizmäßige Punktevergabe für im Prinzip aus der Sicht der Befragten völlig belanglose Inhalte.

Methode und Vorgangsweise

Zur Datenerhebung wurde als Instrument ein standardisierter Fragebogen entworfen. Die 11 Interviewer (die Seminarteilnehmer) wurden für die mündliche Befragung instruiert. Großteils handelte es sich um geschlossene Fragen mit vorgegebenen Antwortmöglichkeiten, die mittels eines Pre-Tests erhoben wurden. Bei der Erstellung des Fragebogens wurden Ratings (Likert-Skalen), Rankings und dichotome Fragen mit Filterfunktion verwendet. Bei der Stichprobe wurde darauf geachtet, dass möglichst viele unterschiedliche Altersgruppen und beide Geschlechter in vergleichbarem Ausmaß vertreten waren. Insgesamt wurden 99 Personen befragt, darunter waren 58 Frauen und 41 Männer.

---

[11] Dort hatte man mit Geldern der EU-Forschungsförderung versucht, unter Verwendung des Marketing-Modells Voraussetzungen für eine Verlagerung kurzer Autofahrten auf Gehen und Radfahren zu schaffen.

Das Befragungsinstrument sollte gemäß der Theorie der Vergleichsprozesse (Festinger 1957, siehe auch Seite 67) transparent machen, inwieweit sich Fußgänger nach Meinung der Befragten gegenüber anderen Verkehrsteilnehmern benachteiligt fühlen. Gleichzeitig bzw. parallel dazu sollte erhoben werden, womit möglicherweise identifizierte Gefühle der Zweitklassigkeit zusammenhängen. Fragen nach den Vorteilen und nach den Nachteilen des Gehens haben das Potential, dies zu beantworten. Das Gleiche gilt für Fragen danach, worüber man sich als Verkehrsteilnehmer ärgert und auch für Fragen nach Möglichkeiten, um die Voraussetzungen für das Gehen zu verbessern. Alle Aussagen, die sich als Vorschläge für konkrete Maßnahmen verwenden lassen, werden gemäß der Grafik 3 auf Seite 38 geordnet: auf das Individuum, auf Interaktion, auf die Gesellschaft, auf die spezifischen Eigenschaften der Fortbewegung und auf die Infrastruktur bezogene Vorschläge sollten sich auf diese Art ergeben. Dabei wird hervorgehoben, welche Maßnahmen das Potential hätten, speziell das Gefühl der Zweitklassigkeit zu mildern oder zu eliminieren.

Interessant wird auch sein zu sehen, inwieweit Maßnahmenvorschläge von Seiten der befragten Verkehrsteilnehmer im Vergleich zu der Liste in Tabelle 4 Neuerungen enthalten.

Welche Verkehrsteilnehmer wurden befragt?

Die genannten 99 Personen wurden in sogenannten Road-Side-Interviews befragt. Sie wurden von den Studenten auf der Straße gebeten einige kurze Fragen zu beantworten. Dabei entstand die folgende Stichprobenzusammensetzung nach Alter, Geschlecht und beruflichem Stand:

Tabelle 8: Befragte Altersgruppen

Alter	Prozentsatz
bis 15 Jahre	2,0%
16 – 25 Jahre	48,5%
26 – 35 Jahre	22,2%
36 – 45 Jahre	12,1%
46 – 55 Jahre	5,1%
56 – 65 Jahre	4,0%
ab 66 Jahren	6,1%
	100%

Das Schwergewicht lag zwischen 16 und 35 Jahren, aber es wurden auch Vertreter höherer Altersgruppen befragt und sogar zwei Personen unter 16, die üblicherweise in ähnlichen Untersuchungen ignoriert werden. Auch sind zwei Personen nicht viel, aber ich möchte unterstreichen, dass gerade wenn man über das Gehen diskutiert, Personen zwischen sechs und 15 eine zentrale Rolle haben sollten: Der Anteil an Fußgängern ist bei ihnen viel höher als bei mittleren Altersgruppen und dieser wird erst wieder in älteren Gruppen erreicht.

39,4% aller Befragten sind Schüler/Studenten, 37,4% sind Angestellte, 8% jeweils Arbeiter oder in Pension, 4% gaben als Beruf Haushaltsführung und 3% selbstständig an.

Von den Befragten waren 58% Frauen und 42% Männer, das waren 58 Frauen und 41 Männer. 81,8% von ihnen haben keine Kinder unter 15 Jahren, 18,2% haben ein oder mehrere Kinder in diesem Alter.

32,6% der Befragten benötigen weniger als 15 Minuten von der Wohnung zum Arbeitsplatz, 42,4% brauchen 15 bis 30 Minuten und die restlichen 25% mehr als 30 Minuten für diesen Weg.

Untergruppen, Verkehrsmittelwahl, Führerscheinbesitz, Kfz-Verfügbarkeit

Wir haben unsere Auswertung in zwei große Teile unterteilt: Zuerst stellen wir die Daten für die Gesamtstichprobe dar und versuchen im zweiten Teil anhand einfacher statistischer Analysen (Mittelwertvergleiche mit Hilfe von t-Tests) Zusammenhänge und Abhängigkeiten herauszuarbeiten. Wir teilten dabei die Gesamtstichprobe in folgende Gruppen auf:

- Personen, die gerne und solche die nicht gerne gehen.
- Personen, die gerne und solche die nicht gerne Auto fahren.
- Personen, die viel und solche die nicht viel zu Fuß gehen.
- Führerscheinbesitz ja/nein
- Autoverfügbarkeit ja/nein
- Männer/Frauen
- Alter bis 25/ ab 26
- Kinder bis 15 Jahre im Haushalt ja/nein
- Schüler/Studenten oder andere

Die Frage nach der Verkehrsmittelwahl lautete »Wie bewegen Sie sich hauptsächlich durch Wien?« Die Befragten konnten aus einer vorbereiteten Liste mehrere Fortbewegungsformen auswählen. Mehrere Fortbewegungsarten konnten also angegeben werden, denn es gibt ja viele sogenannte Mischnutzer. Die folgende Stichprobenzusammensetzung ergab sich daraus:

Tabelle 9: Verkehrsmittelwahl

	n	%
Kfz	27	11,8
Motorrad	2	0,9
ÖV	80	35,1
Taxi	6	2,6
Scooter	8	3,5
Fahrrad	30	13,2
zu Fuß	75	32,9
		100

Tabelle 10: Führerscheinbesitz

	Fälle	%
0 nein	16	16,2
1 ja	83	83,8
		100

Fast 84% der Befragten besitzen einen Führerschein und 16% nicht, sodass der Anteil des Führerscheinbesitzes in unserer Stichprobe weit größer ist als in der Gesamtbevölkerung.

Tabelle 11: Autoverfügbarkeit

	Fälle	%
0 nein, nie	36	36,4
1 selten	9	9,1
2 ab und zu	7	7,1
3 oft, meistens	11	11,1
4 immer	36	36,4
		100

Die Daten unserer Stichprobe entsprechen grob der Autoverfügbarkeit in der Gesamtpopulation.

Mit welchen Ärgernissen ist man beim Gehen konfrontiert?

In der Literatur (aktuell: Risser et al. 2000) und aus früheren Befragungen ergab sich die folgende Liste an Ärgernissen. Diese sollten im vorliegenden Fall von den Befragten nach dem Grad ihrer Ärgerlichkeit bewertet werden, und zwar auf einer fünfstufigen Skala:
Beim Gehen ärgere ich mich (0 = gar nicht, 4 = sehr) über

- Autofahrer
- Fahrradfahrer
- Inline Skater/Scooter
- Wartezeiten bei den Ampeln

- schmale Gehsteige
- Hindernisse am Gehweg
- hohe Randsteine
- Lärm durch Kfz
- über Luftverschmutzung durch Kfz
- über Hundekot am Gehweg

Was dabei herausgekommen ist, steht im Überblick in Tabelle 12 unten, wo die Skalen *nie* und *selten* sowie *oft* und *immer* in eigenen Spalten (schattiert) zusammengefasst wurden, um die Übersichtlichkeit zu erhöhen.

Tabelle 12: Ärgernisse für Fußgänger

Ist/sind ein Grund, sich zu ärgern	nie	selten	nie & selten	ab&zu, neutral	oft, meistens	im-mer	oft & immer	RP
Hundekot	6	5	11	7	21	59	80	1
Luftver-schmutzung	8	8	16	22	34	28	62	2
Am Geh-steig par-kende Autos	14	16	30	14	23	32	56	3
Kfz-Lärm	16	18	34	30	13	22	35	4
Hindernisse am Gehsteig	26	15	42	18	25	15	41	5
Autofahrer	8	26	34	33	23	9	32	6
Schmale Gehsteige	19	25	45	26	20	9	29	7
Inlineskate, Scooter	19	28	48	22	17	13	30	8
Wartezeiten an Ampeln	26	23	50	22	14	14	28	9
Radfahrer	22	33	56	23	16	5	21	10
Hohe Randsteine	63	19	82	5	8	5	13	11

RP = Rangplatz nach Grad des Ärgers
Antwortmöglichkeiten von 0 = *gar nicht* bis 4 = *sehr*

Gefühle des Ärgers über die Autofahrer verteilen sich ziemlich gleichmäßig über die Stichprobe: Ein Drittel (genau 34%) verspürt solchen Ärger selten oder nie, ein Drittel (33%) ab und zu und eine weiteres Drittel (32%) oft oder praktisch immer. Im Vergleich zum Ärger über Radfahrer – den Verkehrsplaner gern nach dem Prinzip *Divide et impera* hervorheben – ist der Ärger über Autofahrer aber dennoch vergleichsweise häufig: Der Anteil jener, die sich über Radfahrer nie oder selten ärgern, ist mit 56% weit höher als gegenüber Autofahrern. 23% der Befragten ärgern sich ab und zu über Radfahrer und 21 % oft oder praktisch immer. Wie die Tabelle zeigt, regt man sich sogar über In-line-Skater und Scooterfahrer noch mehr auf als über Radfahrer (die Werte: 48%, 22% bzw. 30%). Wartezeiten bei Ampeln und schmale Gehsteige sind ähnlich ärgerlich aus Sicht der Befragten wie Radfahrer, In-Line-Skater und Scooter-Fahrer.

Über Hindernisse am Gehsteig besteht schon etwas mehr Unmut: 42% ärgern sich zwar nur wenig oder gar nicht, 18% zum Teil, aber 40% verspüren doch recht konstant Unmut über Hindernisse am Gehsteig. Insbesondere am Gehsteig parkende Autos erregen den Zorn mancher FußgängerIn. Zwar geben auch hier 30% an, sich darüber *selten* oder *nie* zu ärgern und nur 14% tun das zum Teil, aber 56% geben an, sich *häufig* oder praktisch *immer* darüber aufzuregen:

Vergleichsweise harmlos sind hohe Randsteine bzw. Gehsteigkanten, wenn man die Gesamtstichprobe mit den Kennwerten 82%, 5% und 13% betrachtet: Aber dieser Aspekt ist andererseits bekanntermaßen besonders gruppenabhängig: Die einen stört er gar nicht, aber bspw. für ältere Leute können zu hohe Gehsteigkanten ein veritables Problem sein.

Lärm stellt für FußgängerInnen eine mäßige (34%, 30%, 35%), Luftverschmutzung durch Kfz dagegen eine sehr hohe subjektive Belastung dar: Lediglich 16% sind darüber *nie* oder *selten* aufgebracht, 22% zum Teil, und 62% belastet die Luftverschmutzung *oft* oder praktisch *immer*. Bleibt als Hitparadenspitzenreiter der Hundekot am Gehsteig: Am stärksten ärgerlich ist für die befragten Personen mit Abstand der Hundekot am Gehsteig: Von den Befragten ärgern sich nur 11% gar nicht oder selten darüber und 7% zum Teil, aber 80% ziemlich oder sehr.

Wir erhielten hier also wirklich interessante Antworten. Im Grunde genommen wird der Kreis zum Thema Fäkalien, welches in der Einleitung angesprochen wurde, wiederum geschlossen.

Berücksichtigung in der Öffentlichkeit?

Wie werden der Auffassung der Befragten nach nun unterschiedliche Verkehrsteilnehmer in der Öffentlichkeit berücksichtigt bzw. respektiert (denn in diesem Sinn wird »Berücksichtigung finden« verwendet)? Die Interviewten wurden gebeten, Autofahrer, Benutzer von öffentlichen Verkehrsmitteln, Fußgänger, Motorradfahrer und Radfahrer diesbezüglich in eine Rangordnung zueinander zu stellen. Es ergab sich aus den Antworten der Befragten die folgende Reihung:

1. Autofahrer
2. Öffentlicher Verkehr
3. Radfahrer
4. Fußgänger
5. Motorradfahrer

Behandlung im Vergleich zu anderen Verkehrsteilnehmern

Als Fortsetzung zur obigen Rangreihe wurde die Frage gestellt, wie man sich als Fußgänger im Vergleich zu anderen Verkehrsteilnehmergruppen behandelt fühlt. Die Antworten auf diese Frage wurden auf einer fünfstufigen Skala gegeben: *Stark bevorzugt* (Skalenpunkt 0), *bevorzugt* (1), *gleich* (2), *benachteiligt* (3) *stark benachteiligt* (4). Es ergab sich folgendes Bild:

Tabelle 13: Qualität der Behandlung im Vergleich zu anderen Verkehrsteilnehmern (in Prozent)

Wie wird man behandelt, verglichen mit ...	stark bevorzugt	bevorzugt	(stark) bevorzugt	gleich	benachteiligt	Stark benachteiligt	(stark) benachteiligt
Autofahrern	0	8	8	21	44	27	71
Radfahrern	0	17	17	47	30	6	36
ÖV	1	10	11	54	30	5	35

Immerhin 8% der Befragten fühlen sich als Fußgänger gegenüber Autofahrern bevorzugt, 21% fühlen sich gleich behandelt, aber 71% sagen; man würde als FußgängerIn gegenüber Autofahrern benachteiligt oder stark benachteiligt. Gegenüber Radfahrern sind diese Gefühle weniger extrem: Ganze 17% der Befragten fühlen sich als FußgängerInnen gegenüber Radfahrern bevorzugt (allerdings keiner stark), 47% finden man würde gleich behandelt, während 36% eine Benachteiligung orten. Was Benutzer von öffentlichen Verkehrsmitteln angeht, so ist die Lage recht ähnlich, wie die Tabelle oben zeigt.

Warum gehen Sie gerne zu Fuß?

Als nächstes wollten wir nun wissen, warum die Befragten gerne zu Fuß gehen: Was sind denn ihrer Meinung nach die angenehmen Seiten des Gehens? Aus einer Liste, die wir vorbereitet hatten, durften die Befragten bis zu drei Elemente auswählen. Die Frageformulierung war semistandardisiert, wobei also jemand, der die Frage, ob er gerne zu Fuß gehe, mit ja oder nein beantworten konnte, und diese Antwort mit einem Zusatzkommentar in eigenen Worten zu begründen war. (warum/warum nicht).

In einer weiteren Frage erkundigten wir uns nach den Vorteilen, die das Gehen mit sich bringt könnte: Also nicht, warum man es gerne tut, sondern warum man denn das Gehen rein überlegungsmäßig als positive Aktivität ansehen sollte? Danach wurde folgendermaßen gefragt: »Nennen Sie mir bitte spontan die drei Ihrer Meinung nach wichtigsten Vorteile des Zufußgehens«. Es ergab sich dabei Reihung in Tabelle 14 unten: Diese wurde den Antworten auf die Frage, warum man selber gerne zu Fuß geht, gegenübergestellt.

Fast die Hälfte der Befragten (48 %) geben Bewegung und Sport als Grund an, warum sie gerne zu Fuß gehen. Als zweithäufigste Begründung wird angegeben, weil Gehen gesund sei (mit 26,7 %). Relativ viele (17%) erleben Gehen als stressfrei und entspannend und ebenso viele schätzen es, dass man beim Gehen seine Umwelt wahrnimmt. 13% der Befragten nehmen Gehen als eine effiziente und schnelle Fortbewegungsart wahr.

Was sind nun aber die intellektuellen Gründe, oder die Vernunftgründe, die nach Meinung der Interviewten das Gehen zu einer im Grunde genommen förderungswürdigen Aktivität machen, unabhängig davon, ob man diese Gründe persönlich goutiert oder nicht?

Aus rationalen Gründen wird Gehen als förderungswürdig angesehen, weil es gesund ist (20%), gefolgt von der Eigenschaft »unabhängig« (19%): Damit ist wohl gemeint, dass das Gehen im Grunde immer als Fortbewegungsart zur Verfügung steht, auch wenn alles andere nicht mehr funktioniert. Die dritthäufigste Aussage, nämlich dass Gehen Bewegung ist, überschneidet sich zum Teil oder ganz mit dem Gesundheitsargument. Wie auch immer: 15% sagen aus: Wer geht macht Bewegung und betreibt damit Sport.

Tabelle 14: Emotionale und intellektuelle Vorteile des Gehens

	Warum man gerne geht				Warum man viel gehen sollte			
	N »gerne«	% Aussagen	% Personen	R	N »objektiv gut«	% Aus-sagen	% Personen	R
Ist gleichzeitig Sport und Bewegung	36	31,0	48,0	1	37	15,4	38,9	3
Gesund	20	17,2	26,7	2	49	20,3	51,6	1
Stressfrei, entspannend	13	11,2	17,3	3	20	8,3	21,1	5
Man kann die Umwelt beobachten	13	11,2	17,3	4	23	9,5	24,2	4
Andere positive Gründe	13	11,2	17,3	5	11	4,5	11,6	9
Ist effizient und schnell	10	8,6	13,3	6	17	7,1	17,9	8
Billige Fortbewegungsart	5	4,3	6,7	7	19	7,9	20,0	6
Man ist flexibel und unabhängig	4	3,4	5,3	8	46	19,1	48,4	2
Gehen ist umweltfreundlich	2	1,7	2,7	9	19	7,9	20,0	6
	116	100						

Frage nach emotionalen Begründung: 24 fehlende Werte; 75 gültige Fälle. – Warum man viel gehen sollte: Vier fehlende Werte; 95 gültige Fälle

Aus der »Vernunftperspektive« betrachtet, steigt die Bedeutung des Gehens als die Gesundheit fördernde Tätigkeit zur wichtigsten Eigenschaft an, während man die Tatsache, dass man das Gehen als stressfrei und entspannend erlebt, aus dieser rationalen Position als etwas weniger wichtig betrachtet. Zusammengefasst, macht Gehen hauptsächlich Spaß, weil es als angenehme und sportliche Bewegung erlebt wird, das

Gefühl vermittelt, dass man was für seine Gesundheit tut, und weil es als stressfrei und entspannend wirkt.

Aus der Perspektive der Vernunft gilt Gehen als vorteilhaft, weil es der Gesundheit dient, weil es eine flexible und von den Bedingungen doch relativ unabhängige Fortbewegungsart ist und weil es gleichzeitig Sport und Bewegung darstellt, also eigentlich: weil es daher gesund ist.

Warum gehen Sie nicht gerne zu Fuß?

Was sind nun die wichtigsten Barrieren, die Personen vom Gehen abhalten? Antworten ergaben sich aus der Frage, in der danach gefragt wurde, ob man gerne geht oder nicht, und warum bzw. warum nicht (siehe oben).

Für 70 % derjenigen, die nicht gerne zu Fuß gehen, liegt der Hauptgrund darin, dass sie das Gehen als anstrengend und unbequem erleben. Am zweithäufigsten wird beklagt, dass man zu Fuß zu langsam ist (30%). Immerhin 9 % der Antworten beziehen sich darauf, dass Gehen langweilig sei. Es ist eine interessante Frage, wie man gegen diese Gründe ankämpfen und damit das Gehen attraktivieren kann.

Auch den subjektiven Nachteilen des Gehens, von denen nur vier spontan genannt wurden, stellten wir wieder die »objektiven« Nachteile des Gehens gegenüber.

Tabelle 15: Emotionale und intellektuelle Nachteile des Gehens

Warum man nicht gerne geht, und »objektive« Nachteile	Warum man nicht gerne geht				Warum gehen schwierig ist			
	N un-gern	% Aussa-gen	% Perso-nen	R	N objektiv schwer	% Aussa-gen	% Perso-nen	R
anstrengend, unbequem	16	48,5	69,6	1	30	11,9	30,9	3
langsam	10	30,3	43,5	2	53	20,9	54,6	1
langweilig	3	9,1	13,0	3	4	1,6	4,1	10
witterungsab-hängig					49	19,4	50,5	2

beschränkte Transport-möglichkei				29	11,5	29,9	4
nur für kurze Strecken geeinget				28	11,1	28,9	5
Abgase, Lärm				20	7,9	20,6	6
gefährlich				14	5,5	14,4	7
passende Klei-dung/Schuhe nötig				5	2,0	5,2	8
andere negati-ve Gründe	4	12,1	17,4	4	21	8,3	21,6	9
	33	100	143,5				

Emotionale Nachteile des Gehens: 76 fehlende Werte; 23 gültige Fälle; intellektuelle Frage: 2 fehlende Werte; 97 gültige Fälle.

Niedrige Geschwindigkeit (54,6 %) und Witterungs-abhängigkeit (50,5 %) sind die zwei entscheidendsten ratio-nalen Nachteile des Gehens. Dass Gehen anstrengend ist, wird als drittwichtigster Grund genannt: Die Befragten sehen darin offenbar für viele Menschen ein Problem. Aus der Lite-ratur ist bekannt, dass diese Bedenken de facto begründet sind, wenn es sich bspw. um ältere Menschen handelt.
Interessant ist, dass ein Drittel der Befragten mangelnde Transportmöglichkeit beim Gehen als objektive Schwierigkeit betrachtet. Klarerweise hat das seine Richtigkeit, ein(e) Fuß-gängerIn kann nun einmal nur begrenzt Waren transportie-ren. Andererseits weisen viele Studien und Experten immer wieder darauf hin, dass der überwiegende Anteil aller Einkäufe zur Versorgung der Familien zu Fuß erledigt wird.
Die Gegenüberstellung von emotionellen Argumenten für und gegen das Gehen, und von aus Sicht der Befragten objek-tiven Gründen die dafür bzw. dagegen sprechen zeigt als wohl interessantestes Resultat, dass die Herstellung eines bestimm-ten inneren Status im Zusammenhang mit dem Gehen sub-jektiv von großer Bedeutung ist: Entspannung und Stressfrei-heit sollen erzielt werden, und das Gehen hat dazu das Poten-

tial. Andererseits ist Langeweile zu vermeiden. Gehen besitzt jedoch nach Meinung mancher Befragten die Voraussetzungen für das Gefühl der Langeweile. Viel interessanter ist aber, dass auf die Frage, warum man selber nicht gerne geht, das Wetter nicht zur Sprache kommt. Wird man aber gebeten, objektive Nachteile des Gehens zu nennen, so landet das Wetter an zweiter Stelle, von 50 % der Befragten als objektiver Nachteil des Gehens genannt. Die Schlussfolgerung ist: Das Wetter ist ein theoretisches Problem. Wer genug Erfahrung hat weiß, dass das Wetter in der Praxis kaum eine Rolle spielt.

Maßnahmen für das Gehen

Fragen nach Maßnahmen sollte man eigentlich immer auf zwei Ebenen abhandeln: Einerseits ist darüber nachzudenken, welche Eingriffe tatsächlich effizient sind (oder wären). Andererseits ist es aber natürlich wichtig, abzuschätzen, welche Maßnahmen denn überhaupt eine Chance haben, verwirklicht zu werden.
58 % der Befragten meinen, dass es am wichtigsten sei, Konfliktflächen zu vermeiden. Beispielsweise sollte man nicht systematisch Fußgängerwege und Radwege vermischen. Eine attraktive Umweltgestaltung ist die Maßnahme, die von den Befragten am zweithäufigsten (39,4 %) genannt wird. Das ist nicht unlogisch, da ja immer wieder betont wird, welch ein Vorteil es sein kann, dass man als Fußgänger seine Umwelt intensiv wahrnimmt: Ein Vorteil kann das aber, außer für Masochisten, nur dann sein, wenn man die Umwelt als attraktiv erlebt. In die gleiche Richtung geht die Forderung, dass man Abgasgrenzwerte sorgfältiger einhalten sollte: Auch hohe Abgaswerte stören Fußgänger sehr, und eine bessere Luftreinhaltung würde das Gehen definitiv attraktiveren. Diese Diskussion hat eine ganz allgemeine Bedeutung. Gute Luft ist wichtig für die Lebensqualität einer Stadt.

Tabelle 16: Maßnahmen um Gehen zu attraktivieren und die Umsetzungschancen

effiziente Maßnahmen und Chancen für ihre Umsetzung	Welche Maßnahmen würden helfen			
	N »ungern«	% Aussagen	% Personen	R
Konfliktflächen vermeiden	57	19,4	57,6	1
attraktive Gestaltung	39	13,3	39,4	2
Grenzwerte für Abgase und Lärm einhalten	37	12,6	37,4	3
Geschwindigkeitsbeschränkungen für Kfz	28	9,5	28,3	4
Vermeidung von Umwegen	25	8,5	25,3	5
keine Hindernisse am Gehsteig	24	8,2	24,2	6
Minimierung der Wartezeiten bei Ampeln	19	6,5	19,2	7
zusammenhängendes Fußwegenetz	17	5,8	17,2	8
fußgängerfreundliche Kreuzungen	17	5,8	17,2	9
Fußwege in einer Ebene	14	4,8	14,1	10
mehr Raum für Fußgänger	11	3,7	11,1	11
andere Maßnahmen	6	2,0	6,1	12
	294	100		

	Umsetzungschancen			
	% Chancen gut	% teils/ teils	% Chancen schlecht	R
Konfliktflächen vermeiden	33	31	36	2
attraktive Gestaltung	41	34	25	1
Grenzwerte für Abgase und Lärm einhalten	30	16	54	3

Effiziente Maßnahmen, um das Gehen attraktiver zu machen: 0 fehlende Werte; 99 gültige Fälle.

Nach Annahme der Befragten bzgl. der drei wichtigsten Verbesserungen wird es als relativ unwahrscheinlich angesehen, dass die Grenzwerte in Zukunft besser eingehalten werden: 54 % meinen, die Chancen dafür stünden schlecht und nur 30 % geben einer solchen Maßnahme gute Chancen. Die Wahrscheinlichkeit dafür, dass man Konfliktflächen in Zukunft mehr vermeidet wird als etwas höher eingeschätzt, die Ergebnisse sind hier ziemlich ausgeglichen: 36 % sehen schlechte und 33 % sehen gute Chancen. Am ehesten wird den Zuständigen zugetraut, dass sie eine attraktive Umweltgestaltung rund um die Fußwege bzw. im Zusammenhang mit Gehmöglichkeiten umsetzen: 41 % geben solchen Verbesserungen gute Chancen, und lediglich 25 % schätzen die Chancen eher schlecht ein.

Auf jeden Fall ist aber darauf hinzuweisen, dass auch die folgenden Maßnahmen relativ oft vorgeschlagen werden, um die Voraussetzungen für das Gehen zu verbessern (wenn auch ihre Chance für die Umsetzung nicht geschätzt wurde): Geschwindigkeitsbeschränkungen für Kfz (28%), Vermeidung von Umwegen (25%), Vermeidung von Hindernissen am Gehsteig (24%), Minimierung der Wartezeiten bei Ampeln (19%), Zusammenhängendes Fußwegenetz (17,2) und fußgängerfreundliche Kreuzungen (17,2) werden von zwischen jeweils ca. einem Sechstel und ca. einem Viertel der Befragten gefordert bzw. als verbesserter Gehvoraussetzungen empfohlen.

Warum fühlen Sie sich gegenüber Autofahrern benachteiligt?

Im Zusammenhang mit der Aussage, dass man sich als Fußgänger als Verkehrsteilnehmer zweiter Klasse fühlt, ist natürlich die Frage interessant, woher dieses Gefühl kommt. Warum fühlt man sich z.B. gegenüber Autofahrern benachteiligt? Die in der folgenden Tabelle dargestellten Werte weisen in die Richtung, dass das Problem ein interaktives ist: Man fühlt sich der überlegenen physischen Macht der Autofahrer ausgeliefert: 72% der Personen, die zur Frage Stellung bezogen haben, warum sie sich als Fußgänger gegenüber Autofahrern benachteiligt fühlen, geben als wichtigsten Aspekt die Machtunterschiede zwischen Autofahrern und Fußgängern an. Der Au-

tofahrer ist der stärkere Verkehrsteilnehmer. Benachteiligungen bei der Gestaltung der Infrastruktur (22%) und im Zusammenhang mit der Flächenverteilung (20%) folgen in großem Abstand. Andere Benachteiligungen spielen nach Meinung unserer Interviewpartner kaum eine Rolle.
Bei der Interpretation der Antworten sollte man allerdings berücksichtigen, dass ca. die Hälfte der Befragten zu dieser offenen Frage nicht Stellung bezogen hat.

Tabelle 17: Gründe für Benachteiligung gegenüber Autofahrern

Warum fühlt man sich gegenüber Autofahrern benachteiligt:	Anzahl der Aussagen	% Aussagen	% Personen
Macht-Ungleichgewicht	33	61,1	71,7
Infrastruktur	10	18,5	21,7
Flächenverteilung	9	16,7	19,6
andere Benachteiligung	2	3,7	4,3
	54	100	

53 fehlende Werte; 46 gültige Fälle

Wie könnte man mehr Leute zum Gehen motivieren?

Wie kann man nun die Menschen motivieren, mehr zu gehen? Was würden die von uns interviewten Personen unternehmen, damit mehr Menschen gehen, bzw. damit die Menschen mehr gehen? Zu dieser Frage erhielten wir die Antworten in der Tabelle18.
Seltsamerweise werden zwei ihrem Charakter nach diametral verschiedene Maßnahmen am häufigsten empfohlen: die Kfz-Kosten zu erhöhen – eine äußerst restriktive Maßnahme – empfehlen ebenso viele Personen, nämlich 22%, wie die doch recht weichen Eingriffe der Werbung und Erziehung, wobei man, was langfristigen Einsatz anlangt, dem letztgenannten Vorschlag als Fachmann durchaus zustimmen muss. Nur ist von dieser Seite her innerhalb kürzerer Zeit kein entscheidender Effekt zu erwarten. Bessere Gehwege, attraktivere Umweltgestaltung, mehr Fußgängerzonen und die öffentlichen Verkehrsmittel zu verbessern werden als das Gehen attraktivierende Maßnahmen noch von jeweils mehr als 10% der Be-

fragten vorgeschlagen, ehe in annähernd ähnlichem Umfang noch eine weitere das Autofahren erschwerende Maßnahme folgt: Ca. 10% der Befragten meinen, man sollte die Zahl der Parkplätze reduzieren.

Tabelle 18: Wie kann man zum Gehen motivieren

Maßnahmen um zum Gehen zu motivieren:	Anzahl der Aussagen	% Aussagen	% Personen
Kfz-Kosten erhöhen	20	14,6	22,0
Werbung und Erziehung	20	14,6	22,0
bessere Gehwege	19	13,9	20,9
attraktivere Umweltgestaltung	15	10,9	16,5
mehr Fußgängerzonen	13	9,5	14,3
Ö V verbessern	12	8,8	13,2
Parkplätze reduzieren	10	7,3	11,0
Nahversorgung sicherstellen	5	3,6	5,5
kürzere Ampelwartezeiten	2	1,5	2,2
Anderes	21	15,3	23,1
	137	100	

Unterschiede zwischen Personen, die gerne und die nicht gerne gehen

Wie steht es nun mit der Attraktivität des Gehens für Leute mit unterschiedlichen Mobilitätsgewohnheiten? So ist beispielsweise interessant festzustellen, wie oft Leute, die nicht gerne gehen, dennoch zu Fuß gehen. Aus der Literatur wissen wir, dass in Wirklichkeit auch dem Gehen abgeneigte Personen relativ viel gehen.

Tabelle 19: Wie häufig werden Verkehrsmittel verwendet (Mehrfachnennungen möglich)[12]

Verkehrsmittel	geht nicht gerne	geht gerne	T	Signifikanz
Motorisiert	0,54	0,20	3,00	0,005
Auto	0,54	0,19	3,13	0,004
ÖV	0,58	0,88	-2,71	0,011
Taxi	0,04	0,07	-0,44	0,659
Scooter	0,17	0,06	1,38	0,178
Fahrrad	0,33	0,29	0,37	0,714
zu Fuß	0,38	0,88	-4,69	0,000

Es bestehen signifikante Unterschiede in der Verkehrsmittelwahl zwischen Leuten, die gerne zu Fuß gehen und jenen, die nicht gerne zu Fuß gehen. Wer sich (statistisch gesehen) verstärkt per Auto bewegt, geht nicht gerne zu Fuß. Höchst überraschend. Interessanter ist da schon, dass einige Personen, die nicht gerne zu Fuß gehen, häufig zu Fuß unterwegs sind. Gleichzeitig liegt der Wert für Fußgänger und ÖV-Benutzer bei 88% und nicht bei 100%: D. h., dass einige von den Befragten, die behaupten, dass sie gerne zu Fuß gehen, in der Praxis nicht gehen. Auch das ist ein Argument dafür, dass man sich bemüht, die Voraussetzungen für das Gehen zu verbessern.

Gleichzeitig ist anzumerken – und das wurde statistisch belegt –, dass Leute die gerne zu Fuß gehen und jene, die nicht gerne zu Fuß gehen, ähnliche Vorteile des Zufußgehens orten. Es gibt hier keine wesentlichen Unterschiede. Die gibt es, wenn es um die Nachteile geht: Die niedrigere Geschwindigkeit des Zufußgehens wird verstärkt von jenen als Nachteil gesehen, die nicht gerne zu Fuß gehen.

Auch, dass Gehen langweilig sei, erwähnt diese Gruppe signifikant öfter. Beides hält sie offenbar u. a. vom Gehen ab.

---

[12] Motorrad- und Mopedfahrten sind selten und werden inkonsistent genannt. Wir haben daher alle motorisierten Fahrten: Auto, Motorrad, Moped zu einer Kategorie »motorisiert« zusammengefasst, und dem die reine Autoverwendung (»Auto«) gegenübergestellt.

Nicht unerwartet ist, dass die konkrete Notwendigkeit angepasster Kleidung jenen eher bewusst ist, die gerne zu Fuß gehen (»es gibt kein schlechtes Wetter sondern nur schlechte Kleidung«).

Tabelle 20: Nachteile des Zufußgehens
(Mehrfachnennungen möglich)

Nachteil	geht nicht gerne	geht gerne	T	Signifikanz
witterungsabhängig	0,38	0,53	-1,35	0,180
langsam	0,71	0,48	2,05	0,046
anstrengend, Füße schmerzen	0,42	0,27	1,31	0,200
nur für kurze Strecken geeignet	0,17	0,32	-1,62	0,112
beschränkte Transportmöglichkeit	0,25	0,,31	-0,52	0,600
passende Schuhe/Kleidung nötig	0,00	0,07	-2,30	0,024
Abgase, Lärm	0,17	0,21	-0,49	0,624
langweilig	0,17	0,00	2,15	0,043
Gefährlich	0,08	0,16	-1,07	0,290
Anderes	0,25	0,20	0,52	0,606

Die obige Tabelle legt die Annahme nahe, dass Personen, die unterschiedlich gerne zu Fuß gehen, sich auch über unterschiedliche Dinge ärgern. Aber nur einer der Unterschiede ist signifikant: Personen, die gerne zu Fuß gehen, ärgern sich über die Luftverschmutzung mehr als jene, die nicht gerne zu Fuß gehen bzw. lieber mit anderen Verkehrsmitteln unterwegs sind.

Tabelle 21: Wie sehr ärgern Sie sich beim Zufußgehen

über:	geht nicht gerne	geht gerne	T	Signifikanz
Autofahrer	1,71	2,08	-1,50	0,148
Motorradfahrer	1,21	1,61	-1,38	0,171
Mopedfahrer	1,13	1,28	-0,57	0,572
Fahrradfahrer	1,50	1,48	0,07	0,942
Inline-Skater/Scooter-Fahrer	2,00	1,69	1,00	0,320
ÖV	0,83	0,68	0,72	0,472
andere Fußgänger	0,83	0,91	-0,28	0,782
Wartezeiten an den Ampeln	1,67	1,67	0,00	1,00
schmale Gehsteige	1,71	1,76	-0,18	0,860
Hindernisse am Gehweg	1,79	1,91	-0,34	0,735
parkende Autos am Gehweg	2,04	2,56	-1,54	0,126
hohe Randsteine	0,79	0,72	0,27	0,798
Lärm durch Kfz	1,75	2,17	-1,33	0,187
Luftverschmutzung durch Kfz	2,21	2,76	-2,00	**0,048**
Hundekot auf den Gehwegen	3,29	3,24	0,17	0,863
Anderes	3,50	4,00	-1,89	0,117

Antwortmöglichkeiten von 0 = *gar nicht* bis 4 = *sehr*

Zu ihren Vorstellungen, wie man denn mehr Personen zum Gehen motivieren könnte bzw. wie man die Menschen zu mehr Gehen motivieren kann, unterscheiden sich Personen, die gerne gehen von jenen, die nicht gerne gehen, nicht entscheidend.

Wer viel Auto fährt und wer nicht

Dann wurden die Interviewpartner danach unterteilt, ob sie mit Abstand am häufigsten das Auto verwenden oder nicht. Es wurde überprüft, ob die so entstandenen Gruppen unterschiedliche Vorteile des Gehens nennen. Bei den meisten

Variablen ergaben sich jedoch keine Unterschiede: Leute, die viel mit dem Auto fahren, sehen ähnliche Vorteile des Zufußgehens wie jene, die nicht so oft, oder nicht so gerne Auto fahren. Lediglich ein Unterschied ist signifikant: Dass Gehen entspannend ist und Spaß macht, wird signifikant häufiger von jenen genannt, die nicht gerne Auto fahren. Das ist gut nachvollziehbar, denn sie haben eben mehr Gelegenheit, diese Erfahrung zu machen. Wer wenig geht, kann es sich auch weniger gut vorstellen.

Tabelle 22: Vorteile des Zufußgehens
(Mehrfachnennungen möglich)

Vorteil	Fährt nicht (viel) Kfz	Fährt viel Kfz	T	Signifikanz
gesund	0,54	0,46	0,64	0,521
billig	0,19	0,23	-0,46	0,650
unabhängig, flexibel	0,46	0,92	-1,84	0,068
umweltfreundlich	0,22	0,15	0,69	0,495
Umgebung sehen	0,25	0,23	0,16	0,876
Bewegung, Sport	0,39	0,38	0,06	0,953
entspannend, Spaß	**0,26**	**0,08**	**2,44**	**0,017**
effizient, schnell	0,19	0,15	0,39	0,699
natürliche Fortbewegungsart	0,03	0,00	0,87	0,386
Andere	0,10	0,08	0,36	0,719

Bezüglich der angeführten Nachteile gibt es bei dieser Gruppeneinteilung keine signifikanten Unterschiede.

Wie werden nun unterschiedliche Ärgernisse für Fußgänger eingeschätzt, Abhängigkeit davon, ob und wie sie selbst das Autofahren schätzen?

Tabelle 23: Ärgernisse für Fußgänger in Abhängigkeit von der Häufigkeit der Autobenutzung

sich ärgern über:	Fährt nicht (viel) Kfz	Fährt viel Kfz	T	Signifikanz
Autofahrer	2,06	1,81	0,98	0,331
Motorradfahrer	1,51	1,52	-0,02	0,987
Mopedfahrer	1,25	1,22	0,11	0,916
Fahrradfahrer	1,50	1,44	0,21	0,832
Inline-Skater/Scooter-Fahrer	1,79	1,70	0,30	0,767
ÖV	0,64	0,93	-1,41	0,160
Andere Fußgänger	**1,01**	**0,56**	**2,32**	**0,023**
Wartezeiten an den Ampeln	1,72	1,52	0,65	0,515
schmale Gehsteige	1,75	1,74	0,03	0,974
Hindernisse am Gehweg	1,94	1,70	0,74	0,461
parkende Autos am Gehweg	2,53	2,19	1,05	0,295
hohe Randsteine	0,72	0,78	-0,21	0,836
Lärm durch Kfz	2,17	1,81	1,14	0,255
Luftverschmutzung durch Kfz	2,67	2,52	0,55	0,584
Hundekot auf den Gehwegen	3,24	3,30	-0,21	0,833
Anderes	3,83	4,00	-0,38	0,721

Antwortmöglichkeiten von 0 = *gar nicht* bis 4 = *sehr*

Die Ärgernisse beim Gehen zeigen kaum signifikante Unterschiede zwischen Leuten, die gerne und solchen, die nicht gerne Auto fahren. Ein etwas ironisches Resultat kommt aber heraus: Personen, die nicht gerne Auto fahren (also bis zu einem gewissen Grad »die Fußgänger« unter den Befragten) ärgern sich signifikant mehr als die anderen über. andere Fußgänger. Wer demnach viel geht, kommt eher in Situationen, anderen Fußgängern zu begegnen und erlebt Friktionen.

Andere Fragen zeigen keine nennenswerten Unterschiede zwischen Personen, die gerne Auto fahren und solchen, die das nicht tun.

Bewegen Sie sich viel zu Fuß?

Personen, die viel zu Fuß gehen und solche, die das nicht tun, nennen ähnliche Vorteile des Gehens; hier konnten keinerlei signifikante Unterschiede entdeckt werden. Leute die viel zu Fuß gehen, sehen im Gehen die gleichen Vorteile wie jene, die nicht viel zu Fuß unterwegs sind.

Tabelle 24: Nachteile des Gehens (Mehrfachnennungen möglich)

Nachteil	Geht nicht viel	Geht viel zu Fuß	T	Signifikanz
witterungsabhängig	0,33	0,55	-1,87	0,069
langsam	**0,71**	**0,48**	**2,05**	**0,046**
anstrengend, Füße schmerzen	0,42	0,27	1,31	0,200
nur für kurze Strecken geeignet	0,33	0,27	0,63	0,533
beschränkte Transportmöglichkeit	0,25	0,31	-0,53	0,600
passende Schuhe/Kleidung notwendig	0,08	0,04	0,84	0,404
Abgase, Lärm	0,21	0,20	0,09	0,930
langweilig	**0,17**	**0,00**	**2,15**	**0,043**
gefährlich	**0,04**	**0,17**	**-2,17**	**0,033**
Anderes	0,17	0,23	-0,62	0,536

Leute, die nicht viel gehen, sehen in der niedrigen Geschwindigkeit einen Nachteil, im Gegensatz zu jenen, die oft zu Fuß gehen. Wer gern geht, »digitalisiert« die Langsamkeit des Gehens offenbar weniger als jemand, der das seltener tut. Auch Langeweile spielt eher für jene Personen, die nicht gerne gehen, eine Rolle. Gefährlichkeit dagegen ist naheliegenderweise eher jenen bewusst, die gerne und oft gehen.

Wie die nächste Tabelle zeigt, gibt es einen weitere relevanten Unterschied zwischen Leuten, die viel und jenen, die wenig gehen: Erstere ärgern sich signifikant öfter über Autofahrer, und es ist durchaus legitim hier eine Verbindung zur empfundenen Gefährlichkeit herzustellen, denn diese geht hauptsächlich von den Autofahrern aus. Ohne Autos wären die Anlässe, sich um die eigene Sicherheit sorgen, für Fußgänger weit seltener.

Tabelle 25: Wie sehr ärgern Sie sich beim Zufußgehen über:

sich ärgern über:	geht nicht viel	geht viel zu Fuß	T	Signifikanz
Autofahrer	**1,58**	**2,12**	**-2,13**	**0,036**
Motorradfahrer	1,38	1,56	-0,63	0,533
Mopedfahrer	1,25	1,24	0,04	0,971
Fahrradfahrer	1,46	1,49	-0,13	0,898
Inline-Skater/Scooter-Fahrer	1,63	1,81	-0,61	0,524
ÖV	0,83	0,68	0,72	0,472
andere Fußgänger	0,92	0,88	0,14	0,890
Wartezeiten an den Ampeln	2,13	1,52	1,90	0,061
schmale Gehsteige	1,75	1,75	0,01	0,991
Hindernisse am Gehweg	1,83	1,89	-0,18	0,860
parkende Autos am Gehweg	2,13	2,53	-1,21	0,230
hohe Randsteine	0,63	0,77	-0,53	0,595
Lärm durch Kfz	1,83	2,15	-0,98	0,330
Luftverschmutzung durch Kfz	2,38	2,71	-1,19	0,237
Hundekot auf Gehwegen	3,17	3,28	-0,42	0,677

Antwortmöglichkeiten von 0 = *gar nicht* bis 4 = *sehr*

Wenn es darum geht, die Menschen zu motivieren, mehr zu Fuß zu gehen, unterscheiden sich Personen, die viel gehen und solche, die das nicht tun, nur in einem Punkt signifikant voneinander (Tabelle 26): Erstere versprechen sich von Werbe- und Erziehungsmaßnahmen signifikant mehr Erfolg als die anderen. Sie wünschen sich als Personen, die viel gehen, offenbar, dass »die anderen« dazu gebracht werden, ebenfalls zu gehen; dann würde man als Fußgänger bspw. weniger durch Autofahrer gefährdet.

Tabelle 26:
Wie könnte man mehr Leute zum Zufußgehen motivieren?

zum Gehen motivieren:	geht nicht viel	geht viel zu Fuß	T	Signifikanz
Bessere Gehwege	0,22	0,21	0,16	0,877
attraktivere Umweltgestaltung	0,17	0,16	0,023	0,982
mehr Fußgängerzonen	0,17	0,14	0,32	0,751
kürzere Ampelwartezeiten	0,00	0,03	-0,70	0,483
ÖV verbessern	0,22	0,11	1,05	0,306
Kfz-Kosten erhöhen	0,33	0,19	1,15	0,263
Parkplätze reduzieren	0,06	0,12	-0,82	0,416
Nahversorgung sicherstellen	0,11	0,04	0,88	0,390
Werbung und Erziehung	**0,06**	**0,26**	**-2,70**	**0,009**
andere Vorschläge	0,28	0,22	0,52	0,602

Besitzen Sie einen Führerschein?

Nun könnte man sich, auf die ersten Kapitel dieses Buches zurückkommend, wieder an der Unterscheidung zwischen »freiwilligen« und »unfreiwilligen« Fußgängern versuchen. Ein Kriterium könnte der Führerscheinbesitz sei. Wer keinen Führerschein besitzt, kann eben kein Auto lenken und muss daher mehr zu Fuß gehen. Andererseits gibt es auch Beispiele dafür, dass sich manche Personen irgendwann entschieden haben, auf den Führerschein zu verzichten, sodass die Unfreiwilligkeit aus dieser Perspektive differenzierter zu sehen ist. Schauen wir uns an, ob sich Führerscheinbesitzer von Nicht-Führerscheinbesitzern in wichtigen Urteilen unterscheiden.
Bei der Verkehrsmittelwahl erhalten wir dabei gleich zu Anfang einige triviale Ergebnisse: Führerscheinbesitzer sind signifikant öfter motorisiert bzw. mit dem Auto unterwegs,

während Personen ohne Führerschein häufiger zu Fuß gehen
– kaum eine Überraschung.
Interessant ist aber, dass Führerscheinbesitzer auch signifikant
mehr mit dem Taxi fahren. Die Vorstellung, zu Fuß zu gehen
ist für Leute, die viel Auto fahren, offenbar eher fremd als
Personen, die gar keinen Führerschein besitzen.

Tabelle 27: Verkehrsmittelwahl (Mehrfachnennungen möglich)

Verkehrsmittel	FS nein	FS ja	T	Signifikanz
motorisiert	0,00	0,34	-6,46	0,000
Auto	0,00	0,33	-6,29	0,000
Motorrad	0,00	0,02	-0,62	0,535
ÖV	0,88	0,80	0,74	0,463
Taxi	0,00	0,07	-2,53	0,013
Scooter	0,13	0,07	0,70	0,484
Fahrrad	0,25	0,31	-0,50	0,618
zu Fuß	0,94	0,72	2,69	0,011

Bei den Vorteilen des Gehens bestehen keine Unterschiede
zwischen Führscheinbesitzern und Personen ohne Führerschein. Erstmals bestehen aber auch bei der Bewertung der
Nachteile des Gehens bei dieser Form der Gruppeneinteilung
keine wesentlichen Unterschiede.
Zwei ganz klare Unterschiede gibt es hingegen bei der Frage,
worüber man sich beim Gehen am meisten ärgert: Die Wartezeiten an Ampeln und schmale Gehsteige irritieren Führerscheinbesitzer weit mehr als Personen ohne Führerschein. Das
heißt, dass es sich bei diesen beiden Voraussetzungen um
Probleme handelt, die Leute, die wenig gehen, antizipieren,
oder die tatsächlich mehr stören, wenn man das Gehen nicht
so sehr gewohnt ist. Jedenfalls werden die beiden genannten
Voraussetzungen eine wichtige Rolle spielen müssen, wenn
man das Fußgehen fördern will, da sie eben für jene Leute, die
jetzt noch wenig gehen, ein emotionales Hindernis darstellen.
Nebenbei bemerkt können sie auch klar als Elemente identifi-
ziert werden, die das Zweiteklasse-Dasein von Fußgängern

reflektieren: Man gibt ihnen keinen Raum und man lässt sie warten.

Tabelle 28: Wie sehr ärgern Sie sich beim Gehen über:

sich ärgern über:	FS nein	FS ja	T	Signifi-kanz
Autofahrer	2,31	1,93	1,29	0,199
Motorradfahrer	1,75	1,47	0,82	0,417
Mopedfahrer	1,25	1,24	0,03	0,977
Fahrradfahrer	1,63	1,46	0,53	0,599
Inline-Skater/Scooter-Fahrer	2,31	1,66	1,84	0,069
ÖV	0,81	0,70	0,46	0,647
andere Fußgänger	0,75	0,92	-0,54	0,592
Wartezeiten an den Ampeln	**0,88**	**1,82**	**-2,58**	**0,011**
schmale Gehsteige	**1,00**	**1,89**	**-2,72**	**0,008**
Hindernisse am Gehweg	1,38	1,98	-1,54	0,126
parkende Autos am Gehweg	2,63	2,40	0,56	0,567
hohe Randsteine	0,63	0,76	-0,41	0,680
Lärm durch Kfz	2,00	2,08	-0,23	0,822
Luftverschmutzung durch Kfz	2,88	2,58	0,91	0,365
Hundekot am Gehweg	3,25	3,26	-0,02	0,985
Anderes	4,00	3,67	1,00	0,423

Antwortmöglichkeiten von 0 = *gar nicht* bis 4 = *sehr*

Bei der Frage, wie sich am besten zum Gehen motivieren lässt, gibt es dagegen keine signifikanten Unterschiede zwischen Führerscheinbesitzern und Nichtbesitzern.

Steht Ihnen ein Auto zur Verfügung?

Aus wissenschaftlicher und praktischer Erfahrung im Verkehrs- und Mobilitätsbereich weiß man, dass die Kfz-Verfügbarkeit bei der Verkehrsmittelwahl eine noch wichtigere Rolle spielt, als der Führerscheinbesitz (unter vielen anderen: Lehner & Risser 1998). Unsere Ergebnisse bestätigen die genannten

Erfahrungen auf Punkt und Komma: Leute, die über ein Auto verfügen, sind signifikant öfter motorisiert bzw. mit einem Auto unterwegs, fahren statistisch gesichert weniger mit öffentlichen Verkehrsmitteln und gehen ganz deutlich weniger zu Fuß. Sie fahren auch weniger mit dem Rad, wie die Rohwerte in der Tabelle unten zeigen; dies ist jedoch nicht statistisch abgesichert.

Das Ergebnis, dass Führerscheinbesitzer signifikant mehr mit dem Taxi fahren als Personen ohne Führerschein, wiederholt sich hier nicht, dürfte aber mit der Autoverfügbarkeit zu tun haben: Wer ein Auto zur Verfügung hat, fährt selbst, während »Führerscheinbesitz« keineswegs bedeutet, dass immer ein Auto zur Verfügung steht.

Tabelle 29: Verkehrsmittelwahl (Mehrfachnennungen möglich)

Verkehrsmittel	kein Auto zur Verfügung	Auto zur Verfügung	T	Signifikanz
motorisiert	0,04	0,55	-6,59	0,000
Auto	0,04	0,53	-6,30	0,000
ÖV	0,96	0,64	4,27	0,000
Taxi	0,06	0,07	-0,13	0,900
Scooter	0,08	0,09	-0,15	0,883
Fahrrad	0,37	0,23	1,43	0,156
zu Fuß	0,94	0,55	4,85	0,000

Ob man ständig ein Auto zur Verfügung hat, ist ohne Einfluss auf die Nennung von Vorteilen des Gehens. Bezüglich der Nachteile treten hingegen wieder gewisse Unterschiede auf. Ein klarer statistischer Unterschied besteht bei der Einschätzung des Gehens als *gefährlich*, die bei Personen ohne Autoverfügbarkeit weit stärker ausgeprägt ist. Wer selbst nicht oft zu Fuß geht, hat keinen Begriff von den damit verbundenen Gefahren.

Tabelle 30: Nachteile des Zufußgehens
(Mehrfachnennungen möglich)

Nachteil	kein Auto zur Verfügung	Auto zur Verfügung	T	Signifikanz
witterungsabhängig	0,54	0,45	0,91	0,368
langsam	0,50	0,57	-0,74	0,463
Anstrengend, Füße schmerzen	0,27	0,34	-0,76	0,447
nur für kurze Strecken geeignet	0,31	0,26	0,57	0,568
beschränkte Transportmöglichkeit	0,29	0,30	-0,10	0,919
passende Schuhe/ Kleidung notwendig	0,04	0,06	-0,57	0,570
Abgase, Lärm	0,13	0,28	-1,74	0,085
langweilig	0,02	0,06	-1,09	0,279
gefährlich	**0,21**	**0,06**	**2,19**	**0,032**
Anderes	0,27	0,15	1,48	0,142

Gibt es nun einen Unterschied zwischen den beiden Gruppen – *Auto zur Verfügung ja/nein* - bzgl. der Ärgernisse beim Gehen?

Tabelle 31: Wie sehr ärgern Sie sich beim Gehen über:

sich ärgern über:	kein Auto zur Verfügung	Auto zur Verfügung	T	Signifikanz
Autofahrer	2,25	1,70	2,56	0,012
Motorradfahrer	1,65	1,36	1,16	0,250
Mopedfahrer	1,23	1,26	-0,10	0,917
Fahrradfahrer	1,50	1,47	0,14	0,892
Inline-Skater/Scooter-Fahrer	1,81	1,72	0,32	0,751
ÖV	0,56	0,89	-1,87	0,065
andere Fußgänger	1,00	0,77	1,04	0,303
Wartezeiten an den Ampeln	1,63	1,70	-0,21	0,809
schmale Gehsteige	1,69	1,81	-0,46	0,644
Hindernisse am Gehweg	1,88	1,87	0,04	0,966
Parkende Autos am Gehweg	2,44	2,43	0,06	0,954
hohe Randsteine	0,83	0,64	0,79	0,431
Lärm durch Kfz	2,10	2,04	0,19	0,846
Luftverschm. durch Kfz	2,69	2,55	0,58	0,565
Hundekot am Gehweg	3,20	3,32	-0,51	0,611
Anderes	3,83	4,00	-0,38	0,721

Antwortmöglichkeiten von 0 = *gar nicht* bis 4 = *sehr*

Menschen, denen kein Auto zur Verfügung steht, ärgern sich beim Zufußgehen mehr über die Autofahrer, was ohne Zweifel auch mit einer größeren Menge an Erfahrungen zusammenhängt.

Wie kann man nun aus der Sicht der beiden Gruppen mehr Menschen zum Gehen motivieren? Sie unterscheiden sich bei dieser Einschätzung in einem Punkt klar: Leute, die kein Auto zur Verfügung haben, setzen deutlich mehr auf Werbung und Erziehung und möchten auf diese Art gerne erreichen, dass mehr gegangen wird (oder eventuell, dass weniger Autos unterwegs sind).

Tabelle 32: Wie kann man mehr Leute zum Gehen motivieren?

zum Gehen motivieren durch:	MW nein	MW ja	T	Signifikanz
bessere Gehwege	0,20	0,22	-0,23	0,822
attraktivere Umweltgestaltung	0,16	0,17	-0,14	0,892
mehr Fußgängerzonen	0,08	0,22	-1,83	0,071
kürzere Ampelwartezeiten	0,04	0,00	1,43	0,159
ÖV verbessern	0,14	0,12	0,25	0,803
Kfz-Kosten erhöhen	0,20	0,24	-0,50	0,619
Parkplätze reduzieren	0,12	0,10	0,34	0,737
Nahversorgung sicherstellen	0,04	0,07	-0,69	0,495
Werbung und Erziehung	**0,34**	**0,07**	**3,37**	**0,001**
Anderes	0,16	0,32	-1,74	0,086

Geschlecht

Nun zu einem äußerst interessanten Gruppenvergleich. Gibt es einen Unterschied zwischen Mann und Frau? Dabei zeigt sich bzgl. der Verkehrsmittelwahl ein ziemlich großer Unterschied aufgrund der Untersuchung unserer Stichprobe, der im übrigen dem Stand des Wissens in der Verkehrs- und Mobilitätsforschung entspricht: Frauen sind, in unserem Fall knapp signifikant, weniger motorisiert unterwegs als Männer, und sie fahren deutlich seltener mit dem Fahrrad. Dagegen sind Frauen statistisch gesichert mehr mit ÖV unterwegs. Wenn sich auch beim Gehen keine Unterschiede zeigen, kann man dennoch aufgrund der ÖV-Verwendung annehmen, dass der Anteil an kurzen Gehwegen, u. a. in Kombination mit ÖV-Nutzung, bei Frauen deutlich höher liegt als bei Männern.

Tabelle 33: Verkehrsmittelwahl (Mehrfachnennungen möglich)

Verkehrsmittel	m	w	T	Signifikanz
motorisiert	0,39	0,21	1,95	0,055
Auto	0,37	0,21	1,71	0,092
ÖV	0,68	0,90	-2,55	0,013
Taxi	0,05	0,07	-0,41	0,682
Scooter	0,12	0,05	1,18	0,242
Fahrrad	0,46	0,19	2,90	0,005
zu Fuß	0,68	0,81	-1,42	0,161

Was die erlebten bzw. angenommenen Vorteile des Gehens anlangt, so unterscheiden sich die Geschlechter nicht signifikant voneinander.
Leicht signifikante Unterschiede (knapp über 5% Irrtumswahrscheinlichkeit) bestehen bzgl. der beschränkten Transportmöglichkeiten beim Gehen: Frauen leiden darunter konkret, weil v. a. sie die Familieneinkäufe erledigen.

Tabelle 34: Nachteile des Gehens (Mehrfachnennungen möglich)

Nachteil	m	W	T	Signifikanz
witterungsabhängig	0,46	0,52	-0,52	0,602
langsam	0,63	0,47	1,66	0,099
anstrengend, Füße schmerzen	0,27	0,33	-0,627	0,532
nur für kurze Strecken geeignet	0,34	0,24	1,07	0,290
beschränkte Transportmöglichkeit	0,20	0,36	-1,87	0,065
passende Schuhe/Kleidung	0,07	0,03	0,86	0,392
Abgase, Lärm	0,17	0,22	-0,65	0,519
langweilig	0,07	0,02	1,25	0,216
gefährlich	0,20	0,10	1,23	0,223
Anderes	0,24	0,19	0,65	0,520

Ärgern sich Frauen und Männer über unterschiedliche Dinge? Es gibt einige klare Unterschiede. Frauen ärgern sich deutlich mehr über Radfahrer, schmale Gehsteige und die Luftverschmutzung. Männer dagegen mokieren sich deutlich mehr als Frauen über Hundekot am Gehweg.

Tabelle 35: Wie sehr ärgern Sie sich beim Zufußgehen über:

sich beim Gehen ärgern über:	m	w	T	Signifi-kanz
Autofahrer	2,02	1,97	0,26	0,793
Motorradfahrer	1,49	1,53	-0,18	0,857
Mopedfahrer	1,22	1,26	-0,16	0,870
Fahrradfahrer	1,20	1,69	-2,14	**0,035**
Inline-Skater/Scooter-Fahrer	1,85	1,71	0,55	0,585
ÖV	0,76	0,69	0,35	0,731
andere Fußgänger	0,78	0,97	-0,81	0,423
Wartezeiten an den Ampeln	1,63	1,69	-0,20	0,845
schmale Gehsteige	1,49	1,93	-1,77	**0,008**
Hindernisse am Gehweg	1,63	2,05	-1,43	0,156
parkende Autos am Gehweg	2,29	2,53	-0,82	0,415
hohe Randsteine	0,49	0,91	-1,88	0,063
Lärm durch Kfz	1,88	2,21	-1,18	0,240
Luftverschmutzung durch Kfz	2,34	2,83	-2,03	**0,045**
Hundekot am Gehweg	3,54	3,05	2,18	**0,032**
Anderes	4,00	3,83	0,38	0,721

Antwortmöglichkeiten von 0 = *gar nicht* bis 4 = *sehr*

Der letzte Unterschied zwischen Männern und Frauen, den wir untersucht haben, bezieht sich auf die Frage der Motivation. Frauen betonen signifikant häufiger, dass man die Nahversorgung verbessern sollte, was ja eng mit ihrem »Verantwortungsbereich« zusammenhängt. Von Männern kommen signifikant mehr »»andere Vorschläge«, kaum jedoch solche für spezielle Kategorien.

Tabelle 36: Wie kann man Leute zum Gehen motivieren?

zum Gehen motivieren:	m	w	T	Signifikanz
bessere Gehwege	0,14	0,26	-1,50	0,138
attraktivere Umweltgestaltung	0,16	0,17	-0,06	0,955
mehr Fußgängerzonen	0,14	0,15	-0,17	0,864
kürzere Ampelwartezeiten	0,03	0,02	0,27	0,789
ÖV verbessern	0,11	0,15	-0,55	0,584
Kfz-Kosten erhöhen	0,22	0,22	-0,07	0,947
Parkplätze reduzieren	0,11	0,15	-0,04	0,965
Nahversorgung sicherstellen	**0,00**	**0,09**	**-2,33**	**0,024**
Werbung und Erziehung	0,22	0,22	-0,07	0,945
Andere Vorschläge	**0,35**	**0,15**	**0,218**	**0,033**

Alter

Da diese Interviews im Rahmen eines Universitätsseminars durchgeführt wurden, interessierte uns eine Einteilung in Altersgruppen besonders - jene in *wir* (die Studenten des Seminars ohne den Autor), also Personen bis 25, und *ältere Personen,* also jene über 25. Natürlich stellt das eine ziemlich willkürliche Auswahl dar, hatte aber rund um das Alter von 25, wo häufig Universitätsstudien abgeschlossen werden, eine klare Referenz.

Tabelle 37: Verkehrsmittelwahl (Mehrfachnennungen möglich)

Verkehrsmittel	bis 25	ab 26	T	Signifikanz
motorisiert	0,26	0,31	-0,51	0,615
Auto	0,26	0,29	-0,28	0,777
ÖV	**0,90**	**0,71**	**2,38**	**0,020**
Taxi	0,06	0,06	-0,03	0,980
Scooter	0,12	0,04	1,45	0,150
Fahrrad	0,36	0,24	1,24	0,216
zu Fuß	0,70	0,82	-1,35	0,180

Bei der Analyse der Unterschiede zwischen der jüngeren und der älteren Gruppe bzgl. Verkehrsmittelwahl ergab sich ein signifikanter Unterschied: Unter-25-Jährige benutzen deutlich häufiger ÖV als Personen über 25.

Die Vorteile des Gehens werden von beiden Gruppen ähnlich gesehen, und statistisch nachweisbare Unterschiede gibt es nicht. Hingegen fallen bei den Nachteilen zwei deutlich signifikante Unterschiede auf: Langeweile beim Gehen stört Jüngere mehr, während die Älteren daran Anstoß nehmen, dass man sich zum Gehen passende Kleidung und geeignetes Schuhwerk zulegen muss.

Tabelle 38: Nachteile des Gehens (Mehrfachnennungen möglich)

Nachteil	Bis 25	Ab 26	T	Signifikanz
witterungsabhängig	0,58	0,41	1,72	0,089
langsam	0,58	0,49	0,89	0,373
anstrengend, Füße schmerzen	0,30	0,31	-0,07	0,948
nur für kurze Strecken geeignet	0,36	0,20	1,73	0,086
beschränkte Transportmöglichkeit	0,30	0,29	0,16	0,877
passende Schuhe/Kleidung	**0,00**	**0,10**	**-2,34**	**0,024**
Abgase, Lärm	0,14	0,27	-1,55	0,124
langweilig	**0,08**	**0,00**	**2,06**	**0,044**
gefährlich	0,20	0,08	1,70	0,092
Anderes	0,18	0,24	-0,78	0,435

Worüber ärgern sich beiden Altersgruppen am meisten? Die Älteren regen sich deutlich mehr über Fahrradfahrer auf (und etwas mehr über Hindernisse am Gehweg und hohe Randsteine), während die Mitglieder der jüngeren Gruppen Wartezeiten an Ampeln viel mehr stören als die anderen.

Tabelle 39: Wie sehr ärgern Sie sich beim Gehen über:

Sich ärgern über:	Bis 25	Ab 26	T	Signifikanz
Autofahrer	2,06	1,92	0,64	0,521
Motorradfahrer	1,62	1,41	0,84	0,404
Mopedfahrer	1,30	1,18	0,50	0,621
Fahrradfahrer	**1,24**	**1,73**	**-2,17**	**0,033**
Inline-Skater/Scooter-Fahrer	1,74	1,80	-0,21	0,833
ÖV	0,72	0,71	0,03	0,975
andere Fußgänger	0,90	0,88	0,10	0,921
Wartezeiten an den Ampeln	**2,00**	**1,33**	**2,50**	**0,014**
schmale Gehsteige	1,64	1,86	-0,87	0,386
Hindernisse am Gehweg	1,62	2,14	-1,83	0,070
parkende Autos am Gehweg	2,20	2,67	-1,65	0,103
hohe Randsteine	0,52	0,96	-1,87	0,066
Lärm durch Kfz	2,00	2,14	-0,52	0,605
Luftverschmutzung durch Kfz	2,48	2,78	-1,24	0,219
Hundekot am Gehweg	3,35	3,16	0,76	0,447
Anderes	4,00	3,67	1,00	0,423

Antwortmöglichkeiten von 0 = *gar nicht* bis 4 = *sehr*

Auf die Frage, wie man die Verkehrsteilnehmer mehr zum Gehen animieren sollte, meinen die älteren Personen viel öfter als die anderen, dass man mehr Fußgängerzonen zur Verfügung stellen sollte. Komfortable Voraussetzungen werden mit zunehmendem Alter eben wichtiger.

Die ältere Gruppe macht im übrigen zwecks Motivation zum Gehen auch mehr »andere Vorschläge«.

Tabelle 40: Wie könnte man mehr Leute zum Gehen motivieren?

Zum Gehen motivieren:	bis 25	a 26	T	Signifikanz
besere Gehwege	0,24	0,17	0,82	0,414
attraktivere Umweltgestaltung	0,20	0,13	0,89	0,377
mehr Fußgängerzonen	0,04	0,24	-2,75	**0,008**
kürzere Ampelwartezeiten	0,04	0,00	1,43	0,160
ÖV verbessern	0,18	0,09	1,27	0,207
Kfz-Kosten erhöhen	0,27	0,17	1,06	0,291
Parkplätze reduzieren	0,16	0,07	1,37	0,174
Nahversorgung sichern	0,07	0,04	0,48	0,632
Werbung und Erziehung	0,27	0,17	1,06	0,291
Andere Vorschläge	0,13	0,33	-2,22	**0,029**

Kinder im Haushalt

Es ist bekannt, dass sich Eltern um die Sicherheit der eigenen Kinder besonders sorgen. Wir nahmen also an, dass Personen mit Kindern im Haushalt sensibler auf die Voraussetzungen für das Gehen reagieren, besonders was Sicherheitsfragen anlangt. Daher haben wir unsere Stichprobe nach »Personen ohne Kinder« und »Personen mit Kindern« aufgeteilt um zu sehen, ob und auf welche Weise sie auf die gestellten Schlüsselfragen unterschiedlich reagieren. Gefragt wurde dabei nach Kindern unter 15 Jahren im Haushalt:
Überraschenderweise ergaben sich keine signifikanten Unterschiede bzgl. der Verkehrsmittelwahl. Auch bzgl. der Meinung, was denn die Vorteile des Gehens sind, unterschieden sich die beiden Gruppen nicht.
Wie die folgende Tabelle zeigt, beklagten Personen ohne Kinder überraschenderweise viel öfter, dass das Gehen nur für kurze Strecken geeignet sei. Das kann man vielleicht so erklären, dass die Wege zum Kindergarten und in vielen Fällen auch die Wege zur Schule kurze Strecken sind. Das Gehen wäre also für diese Wege eine geeignet Fortbewegungsart.

Tabelle 41: Nachteile des Gehens (Mehrfachnennungen möglich)

Nachteil	keine Kinder im Haushalt	Kinder im Haushalt	T	Signifi-kanz
witterungsabhängig	0,52	0,41	0,80	0,429
langsam	0,54	0,47	0,54	0,590
anstrengend, Füße schmerzen	0,33	0,18	1,44	0,161
nur auf kurzen Strecken	**0,33**	**0,06**	**3,48**	**0,001**
beschränkte Transportmöglichkeit	0,30	0,29	0,02	0,986
passendeSchuhe/Kleidung	0,05	0,06	-0,16	0,874
Abgase, Lärm	0,16	0,35	-1,52	0,143
langweilig	0,05	0,00	0,93	0,355
gefährlich	0,16	0,06	1,42	0,165
Anderes	0,20	0,29	-0,88	0,383

An Ärgernissen beim Gehen fällt auf, dass sich die Gruppe ohne Kinder weit mehr über Inline-Skater und Scooterfahrer ärgert. Das dürfte daran liegen, dass Personen ohne Kinder eben für Kinder und Jugendliche – aus denen sich Skater und Skooterfahrer zu einem beträchtlichen Teil rekrutieren – weniger Verständnis haben. Schmale Gehsteige dagegen ärgern Personen mit Kindern beträchtlich mehr. Man kann sich leicht vorstellen, dass sie öfter in kleinen Gruppen unterwegs sind (mit Kindern) und Einkäufe mit kleinen Kindern zusammen erledigen usw.

Tabelle 42: Wie sehr ärgern Sie sich beim Gehen über:

sich ärgern über:	keine Kinder im Haushalt	Kinder im Haushalt	T	Signifikanz
Autofahrer	2,00	1,88	0,40	0,689
Motorradfahrer	1,52	1,35	0,50	0,618
Mopedfahrer	1,28	1,00	0,91	0,364
Fahrradfahrer	1,48	1,59	-0,35	0,730
Inline-Skater/Scooter-Fahrer	1,91	1,18	2,16	0,033
ÖV	0,70	0,76	-0,25	0,803
andere Fußgänger	0,91	0,82	0,298	0,766
Wartezeiten an den Ampeln	1,74	1,24	1,38	0,170
schmale Gehsteige	1,63	2,29	-2,03	0,045
Hindernisse am Weg	1,78	2,35	-1,50	0,136
Autos am Gehweg	2,40	2,71	-0,81	0,423
hohe Randsteine	0,68	1,06	-1,20	0,232
Lärm durch Kfz	2,01	2,29	-0,77	0,443
Luftverschmutzung durch Kfz	2,60	2,76	-0,50	0,619
Hundekot am Gehweg	3,30	3,06	0,76	0,452
Anderes	3,83	4,00	-0,38	0,721

Antwortmöglichkeiten von 0 = *gar nicht* bis 4 = *sehr*

Um zum Gehen animiert zu werden, wünschen sich Personen mit Kindern deutlich mehr Fußgängerzonen. Dort braucht man sich um die Sicherheit der Kinder weniger zu sorgen. Personen ohne Kinder möchten die öffentlichen Verkehrsmittel verbessern, die Zahl der Parkplätze reduzieren, Werbung und Erziehung forcieren.

Tabelle 43: Wie kann man Leute zum Gehen motivieren?

zum Gehen motivieren	Keine Kinder im Haushalt	Kinder im Haus-halt	T	Si-gnifi-kanz
bessere Gehwege	0,20	0,27	-0,57	0,569
attraktivere Umweltgestaltung	0,19	0,06	1,49	0,147
mehr Fußgängerzonen	0,08	0,40	-2,38	0,031
kürzere Ampelwartezeiten	0,03	0,00	0,63	0,528
ÖV verbessern	0,16	0,00	3,75	0,000
Kfz-Kosten erhöhen	0,24	0,13	1,03	0,313
Parkplätze reduzieren	0,13	0,00	3,37	0,001
Nahversorgung sichern	0,05	0,07	-0,20	0,839
Werbung und Erziehung	0,25	0,07	2,23	0,033
andere Vorschläge	0,20	0,40	-1,44	0,167

Schüler/Studenten und andere

Eine weitere Unterscheidung, die speziell aus der Sicht jener, die die empirische Feldarbeit erledigt haben, interessant ist, ergibt sich daraus, ob jemand sich (noch) als Schüler oder Student in Ausbildung befindet.
Bei der Verkehrsmittelwahl bspw. gibt es klare Unterschiede: Schüler oder Studenten sind deutlich seltener motorisiert bzw. mit dem Auto unterwegs, aber ganz klar häufiger mit dem Fahrrad und mit öffentlichen Verkehrsmitteln. Der letzte Punkt lässt uns vermuten, dass bei ihnen kurze Fußwege im Zusammenhang mit der Verwendung der öffentlichen Verkehrsmittel auch viel häufiger sind als bei den anderen, wenn das in der Tabelle unten auch nicht signifikant aufscheint.

Tabelle 44: Verkehrsmittelwahl (Mehrfachnennungen möglich)

Verkehrsmittel	kein Schüler / Student	Schüler / Student	T	Signifikanz
motorisiert	**0,38**	**0,13**	**3,06**	**0,003**
Auto	**0,37**	**0,13**	**2,88**	**0,005**
ÖV	**0,72**	**0,95**	**-3,38**	**0,001**
Taxi	0,07	0,05	0,31	0,757
Scooter	0,05	0,13	-1,28	0,206
Fahrrad	**0,18**	**0,49**	**-3,18**	**0,002**
zu Fuß	0,72	0,82	-1,24	0,228

Was die erlebten oder angenommenen Vorteile des Gehens anlangt, so gibt es zwischen den beiden Gruppen keinerlei statistisch gesicherten Unterschiede.
Bei den Nachteilen des Gehens beklagen sich gerade die Studenten mehr darüber, dass Gehen sich nur über kurze Distanzen eignet. Nichtstudenten sind signifikant häufiger mit dem Auto unterwegs.

Tabelle 45: Nachteile des Gehens (Mehrfachnennungen möglich)

Nachteil	kein Schüler / Student	Schüler / Student	T	Signifikanz
witterungsabhängig	0,45	0,56	-1,11	0,272
langsam	0,50	0,59	-0,87	0,387
anstrengend, Füße schmerzen	030	0,31	-0,08	0,936
nur kurze Strecken	**0,20**	**0,41**	**-2,21**	**0,031**
beschränkte Transportmöglichkeit	0,27	0,33	-0,70	0,488
Passende Schuhe/Kleidung	0,07	0,03	0,91	0,368
Abgase, Lärm	0,22	0,18	0,45	0,657
langweilig	0,05	0,03	0,596	0,552
gefährlich	0,10	0,21	-1,38	0,173
Anderes	0,22	0,21	0,14	0,892

Die meisten Ärgernisse unterscheiden sich in beiden Gruppen nicht signifikant, außer dass Schüler und Studenten, die ja signifikant häufiger unmotorisiert sind, sich deutlich mehr über lange Wartezeiten an Ampeln beschweren. Das passt auch gut zur Annahme, dass bei ihnen kurze Gehwege zu den ÖV häufiger sind als bei den anderen: Bekannt ist, dass man häufig an der Ampel warten muss und die Straßenbahn davon fährt.

Tabelle 46: Wie sehr ärgern Sie sich beim Gehen über:

sich ärgern über:	kein Schüler/Student	Schüler/Student	T	Signifikanz
Autofahrer	1,98	2,00	-0,07	0,941
Motorradfahrer	1,47	1,59	-0,47	0,636
Mopedfahrer	1,35	1,08	1,15	0,255
Fahrradfahrer	1,60	1,31	1,23	0,220
Inline-Skater/Scooter	1,87	1,62	0,93	0,353
ÖV	0,80	0,59	1,13	0,260
andere Fußgänger	0,87	0,92	-0,24	0,809
Wartezeiten an der Ampel	**1,37**	**2,13**	**-2,78**	**0,007**
schmale Gehsteige	1,72	1,79	-0,31	0,761
Hindernisse am Gehweg	1,82	1,97	-0,53	0,596
parkende Autos am Gehweg	2,37	2,54	-0,58	0,566
hohe Randsteine	0,78	0,67	0,48	0,634
Lärm durch Kfz	1,98	2,21	-0,76	0,450
Luftverschmutzung durch Kfz	2,62	2,64	-0,09	0,923
Hundekot am Gehweg	3,17	3,39	-0,93	0,357
Anderes	3,67	4,00	-1,00	0,423

Antwortmöglichkeiten von 0 = *gar nicht* bis 4 = *sehr*

Bei der Frage, wie man die Menschen am besten dazu motiviert, mehr zu gehen, gibt es zwischen Studenten/Schülern und der anderen Gruppe keine nennenswerten Unterschiede.

**Kann man zum Thema »Verkehrsteilnehmer 2. Klasse«
schon Schlüsse ziehen?**

Die bisher dargestellten Ergebnisse enthalten einige recht interessante und auch überraschende Aspekte:

- Was zunächst erstaunt, ist, dass Hundekot am Gehsteig deutlich Ärgernis Nummer 1 für Fußgänger ist. Man fragt sich, ob die Behörden das wissen, und wenn ja, seit wann? Ich habe den Eindruck, dass das Problem in vielen Städten schon seit langem bekannt ist, aber nicht ernst genommen wird.

- Ansonsten ärgern sich Fußgänger am meisten über Luftverschmutzung (durch Kfz-Verkehr), am Gehsteig parkende Autos und über »die Autofahrer« generell, denen man, was die physische Macht anlangt, in der direkten Kommunikation einfach unterlegen ist.

- Für das Gehen spricht, dass es gesund und flexibel ist, subjektiv entspannt und Stress reduziert. Barrieren für das Gehen bestehen darin, dass man es als anstrengend und wenig komfortabel erlebt, mit einer gewissen Tendenz zur Langweile. Als »objectives« Problem wird die Witterungsabhängigkeit des Gehens genannt.

- Zur Verbesserung der Voraussetzungen wird empfohlen, Konfliktflächen zu vermeiden (wo Fußgänger sich die Fläche mit anderen teilen müssen), die Gehwege attraktiver zu gestalten und die Grenzwerte für Abgase und Lärm besser einzuhalten. Für die Umsetzung des letzten Vorschlages werden die Chancen allerdings als relativ schlecht eingeschätzt.

- Zur Erhöhung der Motivation für das Gehen werden so unterschiedliche Vorschläge vorgebracht, wie die Kfz-Kosten zu erhöhen, Werbung und Erziehung einzusetzen und bessere Gehwege herzustellen.

- Als Bürger zweiter Klasse fühlt man sich zum überwiegenden Teil, weil es ein Machtgefälle zugunsten der Autofahrer gibt; zu spezifizieren wäre, welcher Anteil sich auf die Machtunterschiede in der direkten Kommunikation bezieht – z.B. an Kreuzungen – und welcher auf die Macht, die eigenen Interessen auch auf übergeordneter Ebene durchzusetzen.

- Die langen Wartezeiten an Ampeln, schmale Gehsteige u. ä. tragen das ihrige bei: Sie irritieren Führerscheinbesitzer weit mehr als Personen ohne Führerschein. Diese Voraussetzungen stören umso mehr, wenn man das Gehen nicht gewohnt ist. Dies wird man berücksichtigen müssen, wenn man das Gehen fördern will, denn derlei Voraussetzungen können klar als Elemente fungieren, die das Zweiteklassen-Dasein von Fußhängern aufzeigen: Man gibt ihnen keinen Raum und man läßt sie warten.

Wie das Gefühl der Zweitklassigkeit beheben?

»Die Lage ist hoffnungslos aber nicht ernst«
Interpretation der Aussagen von potentiellen
Geldgebern bzgl. der Förderung von Forschung
über das Gehen

Wissenschaftlich gesehen, ist es natürlich von großem Interesse, worauf sich das Gefühl der Zweitklassigkeit zurückführen lässt. Zu praktischen Vorteilen führt solches Wissen aber erst unter folgenden Prämissen. Wenn das Gefühl, als Fußgänger Verkehrsteilnehmer zweiter Klasse zu sein, in relevantem Ausmaß vom Gehen abhält, wenn das Mildern oder Beheben solcher Gefühle daher zu einer Zunahme des Gehens führt, und wenn diese Zunahme wenigstens zum Teil durch einem Umstieg vom Auto auf das Gehen entsteht, dann entstünde dadurch ein Beitrag dazu, den Verkehr in dichter besiedelten Gebieten nachhaltiger zu gestalten und die Lebensqualität zu erhöhen. Das Verstehen der Gründe für das Gefühl der Zweitklassigkeit als Fußgänger wäre dann von großem praktischem Nutzen, um die Attraktivität des Gehens erhöhen zu können. Das Problem dabei sind allerdings die beruflich mit dem Verkehr befassten Personen und Gruppen. Wenn sie der Meinung sind, dass Gehen als Fortbewegungsart tatsächlich nur geringe Bedeutung hat, und dass es sich unter diesem Gesichtspunkt nicht lohnt, irgendeinen Einsatz zu leisten, dann wird auch eine noch so hoffnungslose Beurteilung der Voraussetzungen für das Gehen durch uns nicht zu einer Verbesserung führen. Weder die in diesem Buch diskutierten noch in anderen Arbeiten gefundenen Ergebnisse haben nämlich einen im naturwissenschaftlichen Sinn zwingenden Charakter: Praktisch alle Aussagen sind Gegenstand interpretativer Schritte mit z. T. großem Interpretationsspielraum. Wer insgeheim überzeugt ist, das Gehen könne vernachlässigt werden, wird sich durch unsere Aussagen nicht eines Besseren belehren und sich auch nicht davon überzeugen lassen, dass mehr Forschung und mehr praktischer Einsatz für das Gehen gesellschaftlich, ökologisch und ökonomisch von Vorteil sind.

Was kann man an dieser Stelle nun über das Gehen als Verkehrsteilnahmeart zweiter Klasse, oder über Fußgänger als Verkehrsteilnehmer zweiter Klasse, sagen?

1. Der Zweite-Klasse-Status ergibt sich daraus, dass das Gehen in der Stadt-, Mobilitäts- und Verkehrsplanung keine Priorität erhält. Ein Hauptgrund dafür liegt in einem Mangel an Fußgängerorganisationen bzw. an Interessensvertretungen für jene Menschen, die zu Fuß gehen. Dabei geht bis auf wenige Ausnahmen jeder Mensch täglich unterschiedlich lange Strecken zu Fuß. Aber recht wenige sehen sich selber als »hauptsächlich Fußgänger«. Und selbst wenn, dann sind die Angehörigen dieser Gruppe sehr heterogen und von sehr unterschiedlichem sozialen Einfluss: Viele von ihnen sind keine Wähler (Kinder und Jugendliche), viele von ihnen gehören Gruppen an, die sozial gesehen (noch) wenig Macht haben, wie etwa ältere Mitbürger. Es gibt kaum Formen des politischen Zusammenschlusses der vielfältigen Anhängerschaft des Gehens. Damit hat man, ganz im Sinn der weiter vorne zitierten Theorie der sozialen Disparitäten (Seite 75) auch keine Möglichkeit, Politiker, Entscheidungsträger, Planer und sonstige Experten mit mehr oder weniger sanftem Druck dazu zu bringen, die Interessen jener Menschen, die zu Fuß unterwegs sind, gewissenhaft und korrekt zu vertreten.

2. Das Bild des verantwortlichen bzw. verantwortungsbewussten Entscheidungsträgers und des Ausführenden, der ohne politischen Druck dafür zu verspüren, oder sogar gegen politischen Druck, fair, ausgewogen, faktenbasiert und fachmännisch korrekt handelt, ist naiv. Man würde sich Verantwortliche zwar gerne so vorstellen, und sicher hätten manche von ihnen gerne ein ähnliches Selbstbild. Aber die Realität sieht anders aus und wird vielen in der Zwischenzeit als Hemmnis bei der Umsetzung sinnvoller Maßnahmen immer mehr bewusst. Dies hat u. a. die Konsequenz, dass sich im Bereich der Psychologie und Soziologie viele Fachleute der Entwicklung von Arbeitsmethoden widmen, die z.B. Praktikern dabei helfen, sich mit gruppendynamischen Phänomenen besser auseinanderzusetzen, und sich in ihrem Arbeitsbereich durchzusetzen. Der dänische Architekt und Philosoph Bent Flyvbjerg leistet diesbezüglich seit längerer Zeit wichtige Vorarbeiten (Flyvbjerg 1992/1996).

Es gäbe jedenfalls genug Handhaben dafür, was bezüglich des Gehens im Sinne der Fakten, der Fairness, der Korrektheit, der Ausgewogenheit aus fachmännisch gewissenhafter Sicht einen Ansatz zu leisten:

- Fußgänger sind bei Unfällen, gemessen an der Zeit, die im Verkehr verbracht wird, überrepräsentiert, speziell was schwere und tödliche Unfälle angeht.
- Fußgänger sterben nie bei Alleinunfällen, sie werden immer durch andere Beteiligte ums Leben gebracht.
- Fußgänger töten keine anderen Verkehrsteilnehmer.
- Viele der getöteten und schwer verletzten Fußgänger sind ältere Personen.
- Um ihre Kinder, sind sie allein zu Fuß unterwegs, haben Eltern nicht selten beträchtliche Angst, was ihre Lebensqualität sehr beeinträchtigt und oft dazu führt, dass man sich entschließt, die eigenen Kinder lieber mit dem Auto zu transportieren (und damit die Gefahr für die verbleibenden gehenden Kinder zu erhöhen).
- Fußgänger belasten die Umwelt nicht durch Luftverschmutzung, Lärm erregen sie allenfalls als Besucher unterschiedlicher Gaststätten.

Aber was nützt eine ethisch und professionell fundierte Haltung, wenn diese dazu führt, dass man gegen Gruppen aktiv werden muss, die bestens organisiert sind und politisch starke Rückendeckung haben, in der Form etwa, dass »keine schikanösen Fußgängereinrichtungen, die das Autofahren stören« eingeführt werden dürfen?

Kann man im Endeffekt dann gar nichts ausrichten? Über den Spielraum, den jeder einzelne Beamte hätte, um z. B. im Sinne der Nachhaltigkeit im Mobilitäts- und Verkehrsbereich die Dinge zu verändern und innovative Elemente einzubringen, wird hier nicht diskutiert. Spielraum allerdings gibt es, und viel vom »Alleindastehen gegen alle anderen« ist oft pure Bequemlichkeit. Dazu braucht man nur noch jene, die sich einsetzen, als Gutmenschen zu denunzieren und schon kann man sich verbindliche Wertvorstellungen sparen und ethische und professionelle Richtlinien, so ferne diese überhaupt ein Potential haben, die eigene Haltung zu beeinflussen, »vergessen«.

3. Wie der »Druck aus der Bevölkerung« ausschaut, bzw. wie die Bürger bestimmte Dinge erleben, ist an sich eine wissenschaftlich zugängliche Frage: Wollte man eine bessere Basis für Entscheidungsträger aufgrund der Perspektiven, Einstellungen, Bedürfnisse und Interessen unterschiedlicher Gruppen in der Bevölkerung herstellen, um sich von Interessenvertretern und Lobbying etwas unabhängiger zu machen, bestünde die Möglichkeit, entsprechende Forschungsarbeit zu betreiben: Die Ergebnisse der – gewiss in sehr kleinem Umfang erfolgten – empirischen Arbeiten in diesem Buch zeigen, dass alle Menschen, unabhängig davon, wie sie sich hauptsächlich fortbewegen, zum Teil völlig identische Kritik an den bestehenden Einrichtungen und Vorgangsweisen äußern, und gleiche oder sehr ähnliche Maßnahmen verlangen, um die Situation zu verbessern. Andererseits gibt es Störungen im Verkehrssystem, die für die meisten Menschen überhaupt nicht relevant sind, die aber für einige wenige einen prohibitiven Charakter haben: Hohe Gehsteigkanten können bspw. für manche ältere oder behinderte Personen das akzeptable Bewältigen einer bestimmten Stelle unmöglich machen. Jeder Planer und Praktiker, der im Verkehrsbereich solche Aspekte korrekt berücksichtigen will, kann sich, falls er »Gegenwind verspürt«, Hilfe vom Gesetz und bei der Wissenschaft holen: Es gibt sicher gesetzliche Voraussetzungen, die eine Mindestzugänglichkeit der unterschiedlichen Bereiche des öffentlichen Raumes *für alle Menschen* verlangen. Falls Fakten unbekannt sind – wie Gesetze, der Charakter des Infrastrukturbestandes in dieser Hinsicht, die empfundene Beeinträchtigung der Lebensqualität unterschiedlicher Gruppen durch die Gegebenheiten usw. – muss man entsprechende fachliche und wissenschaftliche Vorbereitungen treffen.

4. Die konzeptuelle Arbeit in den politischen Gremien und bei der Planung und Umsetzung ist zu verbessern: Maßnahmen zur Erreichung von Nachhaltigkeit im Mobilitäts- und Verkehrsbereich bestehen u. a. in der Förderung des Umweltverbundes. Solche Nachhaltigkeit wird in hunderten verschiedenen Policy-Papieren auf EU- und nationaler Ebene immer wieder eingefordert. Den Fußgängerverkehr zu fördern, stellt eine Vorgangsweise im Sinne der Nachhaltigkeit dar. Im Klartext heißt das also: Die Voraussetzungen für das Gehen zu

fördern, heißt nicht nur, sich für jene bedauernswerten Personen einzusetzen, die auf das Gehen als Fortbewegung angewiesen sind (für die man »halt leider oft nichts machen kann«), sondern auch, daran zu arbeiten, dass Leute vom Auto auf das Gehen umsteigen. Auf kurzen Strecken bis zu einem Kilometer liegt das Potential dafür bei 15 bis 20 %. Viele andere Autofahrten lassen – oder ließen – sich durch öffentliche Verkehrsmittel in Kombination mit kurzen Fußwegen ersetzen. Wer das erreichen will, hat Fakten dafür zur Verfügung, wie man dabei am besten vorgeht. Wir haben in diesem Buch einige Daten erhoben, die ziemlich gut mit dem sonstigen Stand des Wissens übereinstimmen, und aus denen sich schließen lässt, welche konkreten Dinge man tun könnte und sollte:

- Allgemein werden Maßnahmen vorgeschlagen, um das Macht-Ungleichgewicht zwischen Fußgängern und vor allem den Autofahrern auszugleichen, die Infrastruktur besser an die Bedürfnisse der Fußgänger anzupassen und die Flächenverteilung im öffentlichen Raum fairer zu gestalten.

- Konkret sollte man etwas gegen Hundekot auf Gehwegen unternehmen und am Gehsteig parkende Autos verhindern. Die Einhaltung der Grenzwerte für Abgase und Lärm sind besser zu gewährleisten. Hindernisse am Gehsteig sind zu vermeiden. Radfahrer und Fußgänger sollte man nicht auf engen Flächen zusammenpferchen.

- Schließlich warden mit Nachdruck Verhaltensänderungen der Autofahrer, die Vermeidung von Umwegen für Fußgänger und die Minimierung der Wartezeiten bei Ampeln gefordert.

- Für das Gehen kann man Werbung betreiben: Die Verkehrsteilnehmer selber empfinden Gehen als sportliche Tätigkeit bzw. als »Bewegung machen«. Man nimmt das Gehen als gesund wahr und erlebt es als stressfrei und entspannend.

- Gleichzeitig erlebt man beim Gehen einige Nachteile: Es ist anstrengend und oft unbequem; letzteres hängt aber zum Teil mit der Infrastrukturplanung zusammen. Es ist langsam und man erlebt es oft als langweilig. Das kann man durch entsprechende Gestaltung ganz gut in den Griff bekommen, und wir wissen von Untersuchungen, dass das Leiden unter der Langsamkeit bei besserer Gestaltung der Umwelt nachläßt. Aber alle diese Nachteile lassen sich natürlich nicht rein technisch beheben. Dementsprechend sind die Mittel professioneller Kommunikationsarbeit einzusetzen, um den erlebten Nachteilen ihre Schärfe zu nehmen.

Sollten die Faktengrundlagen nicht ausreichen, oder sollte jemand der Meinung sein, dass die Realität vernünftigen Maßnahmen entgegensteht, im Sinn so mancher Politikerbehauptung etwa, dass »die Menschen so eine Maßnahme nie akzeptieren«, so gibt es wissenschaftliche Methoden, vertreten in den Sozial- und Humanwissenschaften, die zeigen können, inwieweit die Realität von politisch vorgeschobenen, lediglich als Bürgerinteressen dargestellten Behauptungen abweicht.

5. Die Befragung von Verkehrsteilnehmern in diesem Buch ergibt viele differenzierte Hinweise für Maßnahmen, die man bei sorgfältiger Kommunikation mit den Bürgern meistens erhält. Das gibt uns die Möglichkeit, jedenfalls theoretisch, in Richtung unterschiedlicher Gruppen in der Bevölkerung aktiv zu werden. So sind für Männer und Frauen, für unterschiedliche Altersgruppen, für verschiedene Wegetypen (Einkauf, Arbeit usw.), für Menschen mit unterschiedlicher Geherfahrung, für Menschen die unter Bedingungen geringerer oder größerer Freiwilligkeit zu Fuß unterwegs sind, unterschiedliche Maßnahmen nötig. Bedürfnisse und Interessen verschiedener Gruppen sind zum Teil recht different, zum Teil geradezu gegensätzlich. Das wäre genug Grund dafür, dass man ganz im Sinne gängiger Marketingvorstellungen alles tut, um Bedürfnisse und Interessen der relevanten Bevölkerungssegmente sorgfältig zu erforschen, um dann auf dieser Basis Maßnahmen im Sinne der Ausgewogenheit zu entwickeln.

Als Argument dafür möchte ich gerne »das Brückenbeispiel« nennen: Es würde keine Brücke gebaut werden, ohne dass die statischen Voraussetzungen von Fachleuten sorgfältigst dargestellt werden. Maßnahmen im öffentlichen Raum glaubt man aber nach wie vor setzen zu können, ohne dass man mit betroffenen Bürgern und deren Untergruppen im Vorfeld kommuniziert, woraufhin man dann von Reaktionen »über-

rascht wird«: Die Beispiele, wo »Radwege ja gar nicht angenommen werden«, oder wo »Leute mit nix zufrieden« sind,
sind Legion. Aus psychologischer Sicht ist klar, dass man die
Zahl dieser Beispiele nur dann reduzieren kann, wenn man
sich zu wissenschaftlich fundierter Vorgangsweise entschließt.
6. Kennwerte, um Veränderungen der in diesem Buch behandelten Bereiche zu messen – subjektive Sicherheit, Attraktivität, Wertschätzung, Zufriedenheit, Lebensqualität – gibt es
viele. Wenige davon sind naturwissenschaftlich-technischer
Natur. Viele Verantwortliche sehen das als Anlass, Mangel an
Fakten zu konstatieren[13]. Wir beobachten hier eine Technik-
gläubigkeit, die z. T. völlig im intelligenzfreien Raum ange-
siedelt ist. Praktisch jedermanns Alltag ist geprägt von ästheti-
schen Aspekten, die das Verhalten steuern. Subjektive Bedürfnisse und Ängste spielen eine zentrale Rolle bei unseren All-
tagstätigkeiten, »Sicherheit« ist eines der am häufigsten ver-
wendeten Worte in der Öffentlichkeit; die Lebensqualität der
Eltern von Schulkindern wird oft durch Angst vor einem
Verkehrsunfall und möglichen Verletzungen der Kinder stark
beeinträchtigt; Kontakte mit anderen Menschen sind das Um
und Auf des menschlichen Lebens; und so weiter. Viele Entscheidungsträger und Experten im Verkehrsbereich glauben
aber, psychologische und sozialwissenschaftliche Fragestellungen und Sichtweisen durch »objektive«, technische Perspektiven ersetzen zu können. Als Folge ergibt sich »Bewusstseinsbil-

---

[13] Ein diesbezüglicher Höhepunkt in meinem Berufsleben war der Besuch bei einem Herrn Professor an einer österreichischen TU. Er befasste
sich mit der Verkehrsmittelwahl. Auf der Basis beobachteten Verhaltens
(Zählungen) wurde versucht, Prognosen für die Verkehrsmittelwahl zu
entwickeln (es ging hauptsächlich um Bahn vs. Auto). Auf meinen Hinweis hin, dass es interessant wäre, das Wahlverhalten zusätzlich anhand
kommunikativer Methoden zu studieren – also zu prüfen, was die betroffenen Personen zu sagen haben – erfuhr ich mit Staunen, dass man
das leider nicht im Griff habe. Das stellt nicht nur eine frappante Igno-
ranz gegenüber einer auf der Universität verankerten Wissenschaftsdiszi-
plin, nämlich der Psychologie dar, sondern spiegelt grundsätzlich eine
wenig wissenschaftliche Haltung wider: Die Beziehungen zwischen den
Voraussetzungen für die Verkehrmittelwahl und der eigentlichen Wahl
systematisch untersuchen zu wollen, und dabei einen entscheidenden
Faktor, nämlich die Beurteilung der Wahlvoraussetzungen durch den
Wählenden, wegzulassen, ist mathematisch betrachtet ein erstaunlicher
Zugang.

dung«, betrieben durch Naturwissenschafter und Ingenieure, als eine im Mobilitätsbereich weit verbreitete Skurrilität.

Ich möchte hier anhand eines Beispiels mit einer Gegenstrategie einsetzen. 1975 wurden in einer sozialpsychologischen Untersuchung der Situation älterer Verkehrsteilnehmer einige Schlüsselstatements durch ältere Verkehrsteilnehmer bewertet. Wittenberg hat 1984 genau die gleichen Statements zur Bewertung noch einmal vorgegeben. Was dabei herauskam, zeigt die folgende Tabelle.

Tabelle 47: Zustimmung zu Statements über
die Verkehrssituation

Statement	Stimme zu in %	
	1975	1984
Man hat oft die Straße erst zur Hälfte überquert, wenn die Ampel schon wieder auf Rot umschaltet.	49	54
Es gibt zu wenige Fußgängerübergänge mit Zebrastreifen und Druckampelanlagen.	34	43
Busse und Straßenbahnen haben zu hohe Trittbretter, sodass das Ein- und Aussteigen sehr mühsam ist.	42	42
Das Anfahren der Busse ist zu schnell und ruckartig, sodass man im Bus hin- und hergeschleudert wird.	31	33
Die Gehwege an den Straßen sind mitunter zu schmal, sodass man oft bei entgegenkommenden Personen auf die Straße ausweichen muss.	30	38
Busse und Straßenbahnen fahren zu bestimmten Tageszeiten viel zu selten.	23	41
Kindern und Jugendlichen sollte es verboten werden, auf Gehsteigen und Fußwegen mit Rädern und Mopeds zu fahren.	57	54
Viele Auto- und Motorradfahrer fahren zu schnell und zu dicht an Gehsteigen entlang.	31	37
Viele Auto- und Motorradfahrer fahren zu schnell an Fußgängerübergänge heran und bremsen dann scharf ab.	37	43
Es gibt zu wenig Personen, die Behinderten im Bus oder der Straßenbahn einen Sitzplatz anbieten.	32	39
Der Verkehr ist zu bestimmten Zeiten so stark, dass man sich kaum noch auf die Straße wagt	29	39
Die Autos und Motorräder fahren so schnell, dass man sie oft erst in letzter Sekunde sieht	33	42
Dem heutigen Verkehr steht man oft hilflos gegenüber.	33	42
Als älterer Mensch fühlt man sich im heutigen Verkehr benachteiligt.	31	40

Nach Wittenberg 1986, N = 3107 (1975) bzw. N = 1094 (1984)

Wie die Tabelle oben deutlich zeigt, haben sich praktisch alle obigen Kennwerte von 1975 bis 1984 verschlechtert. Leider gibt es zu dieser Studie keine Nachfolgeuntersuchung. Es wäre interessant zu erfahren, wie betroffene Verkehrsteilnehmer die Situation heutzutage beurteilen. Zu vermuten ist, dass sich die Kennwerte nicht verbessert haben.

Die Zahl solcher Statements, die auf die Praxis Bezug nehmen und die Möglichkeiten ihrer Operationalisierung sind unendlich groß und durchaus als Inhalte für Datenbanken zu gestalten. Mein Vorschlag ist, zu beginnen, Kennwerte aus solchen Studien wie der von Wittenberg zu systematisieren und in allgemein zugänglicher Form zu speichern. Damit entsteht eine Vergleichsbasis für Analyse und Evaluation von Einrichtungen und Maßnahmen im Verkehrsbereich, und gleichzeitig bietet sich damit eine bessere Möglichkeit, die Perspektive der Bürger bzw. unterschiedlicher Gruppen von Bürgern bei der Erarbeitung von neuen Maßnahmen zu berücksichtigen.

Was weiter?

Es gibt nichts Gutes, außer man tut es.
Erich Kästner

Auch in der kleinen Studie, die für dieses Buch durchgeführt wurde, zeigte sich, dass die Verkehrsteilnehmer von den Politikern und Experten zum Teil abweichende Prioritäten setzen, sowohl was Probleme als auch deren Lösungen angehen. Einerseits ist klar, dass soziologische und politische Aspekte der Problemlösung den Einzelnen weniger interessieren als die Experten. Andererseits gibt es aber legitime und teils seit langem bekannte Forderungen zu Fuß gehender Menschen, die den Verantwortlichen eigentlich bekannt sein müssten, die aber in der Praxis nicht berücksichtigt werden.

Als Bürger zweiter Klasse fühlt man sich zum überwiegenden Teil deswegen, weil es ein Machtgefälle zugunsten der Autofahrer gibt; zu spezifizieren wäre noch, welcher Anteil sich auf die Machtunterschiede in der direkten Kommunikation bezieht, z. B. an Kreuzungen, und welcher auf die Macht, die eigenen Interessen auch auf übergeordneter Ebene durchzusetzen.

Bei der Analyse der Antworten von Verkehrsteilnehmern zeigte sich, dass zwischen den Antworten unterschiedlicher Gruppen von Interviewten einige klare Unterschiede bestehen. Welche Nachteile mit dem Gehen verknüpft sind, welches die Hauptärgernisse sind mit denen man beim Gehen konfrontiert ist, und was man tun müsste um die Menschen mehr zum Gehen zu animieren. Es wurde z. B. ersichtlich, dass sich Personen, die mehr zu Fuß gehen, von denjenigen unterscheiden, die weniger zu Fuß gehen, Männer von Frauen, jüngere Personen von älteren. Auf Basis der nur geringen Datenmengen, die wir hier erheben konnten, ist eine valide Entwicklung von Vorschlägen, die die Sichtweise verschiedener Untergruppen berücksichtigt, nicht möglich. Die weiter oben dargestellten Mittelwertvergleiche sollten aber Anreize für Politiker, Entscheidungsträger, Planer und Umsetzer darstellen, in Zukunft sorgfältiger auf unterschiedliche Segmente der Verkehrsteilnehmer einzugehen. Bei all den Interessengegensätzen, die aus der Fachliteratur bekannt sind und in der vorliegenden Untersuchung wieder ansatzweise sichtbar wurden, muss man die leider so übliche allgemeine Bezugnahme auf »die Verkehrteilnehmer« als wenig professionell ansehen. Schauen wir uns zum Abschluss noch einmal Tabelle 4 an. Alle Problembereiche dort, entsprechende Analysen und Maßnahmen kamen in unseren Interviews und Befragungen direkt oder indirekt zur Sprache. Es sind aber noch einige Dinge dazugekommen, auf die man in Zukunft ein Auge haben sollte:

Zwischen den Zeilen konnte man aus den Experten- und Politikeraussagen herauslesen, dass den Anliegen der Fußgänger gedient wäre, wenn sie sich organisierten. Eine effiziente Interessenvertretung wäre gleichsam die natürlichste Variante, um Interessen der Zielgruppe und ihrer verschiedenen Untergruppen in konkrete Maßnahmen und Aktivitäten umzusetzen. Durchaus denkbar also, dass sich offizielle Stellen auf kommunaler Ebene in Zukunft an der Gründung von Fußgängervereinen beteiligen, um der Verkehrsentwicklung in Zukunft mehr Dynamik zum Vorteil des Gehens zu verteilen.

Zweitens und viel konkreter ist die Wartung der Gehwege aus Sicht der Fußgänger keineswegs zufriedenstellend. Hundekot ist Ärgernis Nummer 1, in vielen Städten keineswegs eine Neuigkeit. Man würde in ähnlichen Untersuchungen vermutlich anderswo ähnliche Ergebnisse erhalten. Wer das Gehen attraktiver machen will, muss dieses Problem lösen. Insgesamt gilt, dass die Wartung der Gehwege zu verbessern ist.

Drittens wurde eine übergeordnete Voraussetzung diskutiert, die speziell das Gehen aus der Sicht der Fußgänger aber auch die Lebensqualität allgemein in den Städten verbessern würde: die Umweltqualität im Hinblick auf Lärm und Luft. Speziell die schlechte Luftqualität scheint zu stören. Bemühungen, die Luftqualität in der Stadt zu verbessern, gehören also möglicherweise zu den besten Maßnahmen, um das Gehen attraktiver zu machen. Solche Verbesserungen würden gleichzeitig wohl von den meisten Stadtbewohnern als sehr positiv betrachtet, außer vielleicht von jenen, die auf der Autoverwendung bestehen, die aber zum Erreichen dieser Verbesserungen gewisse Veraltensweisen ändern müssten. Damit schließt sich der Kreis.

Literatur

Atteslander, P., Methoden der empirischen Sozialforschung. Berlin 1995

Ausserer, K. & Risser, R., Inoculation. Official report of Work Package No. 10 of WALCYNG: How to enhance WALking and CYcliNG instead of shorter car trips and to make these modes safer. *A research project within the EU Fourth Framework Programme. DG VII Transport RTD Programme, Urban Sector.* 1997

Ausserer, K & Risser, R., Outlining future Lobbying. Report from WALCYNG – WP11. Vienna 1997

Ballabio, E. & Moran, R., Older people and people with disabilities in the information society. An RTD approach for the European Union, DG XIII: Telecommunications, Information market and Exploitation of Research. 1998

Bauer, T.et al., Kommunikation im Straßenverkehr. Untersuchung über die Kommunikationsgewohnheiten und Kommunikationsbedürfnisse der Verkehrsteilnehmer. KfV. Wien 1981

Bell, P.A. et al., Environmental Psychology, 4th ed.. New York, Montreal, London, Sydney, Tokyo1996

Bolte K. M.., Soziale Ungleichheiten in der Bundesrepublik Deutschland. Opladen 1984

Burwitz, H. & Koch, H. & Krämer-Badoni Th., , Leben ohne Auto. Neue Perspektiven für eine menschliche Stadt. Reinbek 1992

Chaloupka Ch., Vorlesung über die Geschichte der Mobilität. Institut für Verkehrsplanung und Verkehrstechnik der Universität Lund. LTH. 1989

Chaloupka, Ch., Ausbildung von OrganisatorInnen, BetreuerInnen und TrainerInnen von Jumicar. Einstiegsseminar, FACTUM.2001

Chaloupka, Ch. et al., Erhöhung der Sicherheit der Seniorinnen und Senioren im Straßenverkehr. Im Auftrag des BMVIT. Wien 1993

Chaloupka, Ch., Risser, R. & Lehner, U., Zielgerechte Ansprache junger Menschen von 15 bis 16 Jahren im Rahmen der Verkehrsausbildung. State of the Art, Ergebnisse von Befragungen und Richtlinienkatalog. Wien 1998

Cost Action C6 2001. Town and Infrastructure Planing for Safety and Urban Quality for Pedestrians. Directorate-General for Research, Brüssel 1953

Ekman, L., Gesenkte Geschwindigkeit in Wohnvierteln – Wunsch oder Wirklichkeit? (Sänkt hastighet i bostadsområden – önskan eller verklighet?) Bulletin 180, Institut für Technik und Gesellschaft, Technische Universität Lund 1999

Emberger, G., Interdisziplinäre Betrachtung der Auswirkungen verkehrlicher Maßnahmen auf sozioökonomische Systeme. Dissertation an der Sozial- und Wirtschaftswissenschaftlichen Fakultät der Universität Wien. Wien 1999

Emberger, G., Verkehrssystem und Gesellschaft.In: Verkehr und Umwelt. Wissenschaft & Umwelt INTERDISZIPLINAER, Nr. 3, S. 58-68. 2001

Ewert, U., Autofahrer in der Schweiz und in Europa. Meinungen und Einstellungen im Längs- und Querschnittsvergleich. bfu-Report, Bern, im Rahmen des EU-Projekts SARTRE 2 (Social Attitudes to Road Traffic Risk in Europe). 1999

Festinger, L., A theory of cognitive dissonance. Stanford University 1957

Flade, A. (Hrsg.), Mobilitätsverhalten: Bedingungen und Veränderungsmöglichkeiten aus umweltpsychologischer Sicht. Weinheim1994

Flyvbjerg, B., Rationalitet og magt (Rationality and power). Copenhagen 1992. Ins Englische übersetzt: Rationality and Power. Chicago 1996

Forward, S., Behavioural factors affecting modal choice. Analysis and Development of New Insight into Substitution of short car trips by cycling and walking – ADONIS: A research project of the EU transport RTD programme European Commission, Directorate General for Transport. 1998

Gregoritsch, P. & Lehner, U., Sexuelle Belästigung im öffentlichen Raum. Diplomarbeit an der Wirtschafts- und Sozialwissenschaftlichen Fakultät der Universität Wien 1995

Herry, M. & Snizek, Verkehrsverhalten der Wiener Bevölkerung. Heft der Sonderreihe zum neuen Wiener Verkehrskonzept, S. 1992. 1991

Hydén, Ch., Nilsson, A. & Risser, R., WALCYNG – Walking and Cycling instead of shorter car trips. Institute for Technology & Society. University of Lund and FACTUM, Vienna. 1997

KfV (Hrsg.), Verkehr in Österreich. Unfallstatistik 1998, Heft 26. In: Zusammenarbeit mit dem BMI, KfV und AUVA. Wien1999

Knoflacher, H., Fußgeher und Fahrradverkehr. Planungsstrategien. Wien1995

Körmer, C., Verkehrserziehung im Elternhaus. Teildiplomprüfungsarbeit in Verkehrssoziologie. Soziologisches Institut der Universität Wien. Wien 2000

Kotler, Ph. et al, Marketing. The European Edition. London, New York, Madrid, Mexiko City, Munich 1996

Lehner, U. & Risser, R., Acceptability of speeds and speed limits to drivers and pedestrians. Deliverable 6 of the MASTER Project No RO-96-SC.202. 1997

Lehner, U. & Risser, R., Zusammenhänge zwischen Freizeitverkehr und Qualität der Wohninfrastruktur. Studie im Auftrag der Magistratsabteilung 18, Stadtentwicklung und Stadtplanung. Wien 1998

Lehner, U. & Risser, R., Public Acceptance. Deliverable produced in the frame of the EU-Project TEN-ASSESS. 1999

Mailer M, Wie mobil ist die Gesellschaft? In: Verkehr und Mobilität, Wissenschaft & Umwelt INTERDISZIPLINAER, Nr. 3, S. 58-68 (2001)

Merton, R. K., Social theory and social structure. New York 1968/1949

OECD (Hrsg.), Safety of vulnerable road users. Research report prepared by an OECD scientific expert group. 1998

Pieper, W., Das Scheiss Buch. Entstehung, Nutzung, Entsorgung menschlicher Fäkalien. 1992

Praschl, M., Chaloupka, Ch. & Risser, R., Akzeptanzbildung für gesellschaftliche Anliegen. Entwicklung eines Modells zur Akzeptanzanalyse. Fond zur wissenschaftlichen Förderung. Wien 1992

Praschl, M. & Risser, R. Akzeptanzstudie »Traidersbergtunnel«. Strategien zur sachgerechten Berücksichtigung von Akzeptanzaspekten. Bericht zur sozialwissenschaftlichen Projektbegleitung »Knoten Obersteiermark«. Eine Studie im Auftrag der ÖBB. Wien1996

Praschl, Scholl-Kuhn & Risser., Gute Vorsätze und Realität. Die Diskrepanz zwischen Wissen und Handeln am Beispiel Verkehrsmittelwah. Wien 1994

Risser, R., Kommunikation und Kultur des Straßenverkehrs. Wien 1988

Risser, R., Protokoll der Seminararbeiten »Grundlagen der Verkehrssoziologie« im Sommersemester 1997. Wien 1997

Risser, R. WALCYNG – Die Förderung des Gehens und Radelns statt kurzer Autofahrten unter Wahrung ausreichender Verkehrssicherheit. Ein Projekt aus der 1. Ausschreibung des 4. Rahmenprogrammes für den Bereich Transport und Verkehr. DG VII. Wien 1999

Risser, R., Measuring influences of speed reduction on subjective safety. Proceedings of the ICTCT Workshop on Traffic Calming. New Delhi, Vienna 2000

Risser, R. & Ausserer, Inoculation. Official report of Work Package No. 10, Report Nr. 4. Bericht über einen Arbeitsteil im Rahmen des EU-Projektes WALCYNG – How to enhance WALking and CYcliNG instead of shorter car trips and to make these modes safer. *A research project within the EU Fourth Framework Programme. DG VII Transport RTD Programme, Urban Sector.* Wien 1997

Risser, R., Ausserer, K. & Kaufmann, C., Mode choice and traffic policy. Präsentation im Rahmen des Verkehrspsychologischen Kongresses ICTTP2000. Beratungsstelle für Unfallverhütung bfu. Bern 2001

Risser, R. & Fischer, D., Nutzerbedürfnisse im Öffentlichen Verkehr. Wissenschaft & Umwelt INTERDISZIPLINAER, Nr. 3, S. 58-68 (2001)

Risser, R. Kaufmann, C. & Jonsson, T., Sänkning av hastighetsgränsen från 50 till 30: Effekter på fotgängare (Senkung des Geschwindigkeitslimits von 50 auf 30: Auswirkungen auf die Fußgänger), Institut für Technik und Gesellschaft der Universität Lund 2000

Risser, R. & Lehner, U., Zusammenhänge zwischen Freizeitverkehr und Qualität der Wohninfrastruktur.Im Auftrag der MA18, Stadtentwicklung und Stadtplanung. Wien1998

Risser, R. & Lehner, U., Acceptability of Speeds and Speed Limits to Drivers and Pedestrians/Cyclists. D6 of the EU Project MASTER No. RO-96-SC.202. Wien 1998

Risser, R. & Nickel, W. R., Theories of Science in Traffic Psychology. Workshop im Rahmen des Verkehrspsychologischen Kongresses ICTTP2000. Beratungsstelle für Unfallverhütung bfu. Bern 2001

Sammer, G. Die verkehrspolitischen Einstellungen der Grazer. Graz 1986

Schütte-Lihotzky, M., http://www.werkbundarchiv-berlin.de/schuette-lihotzky.html

Schwedisches Kommunikationsministerium (Hrsg.), Auszug aus den »Bedingungen und Voraussetzungen des Fahrradverkehrs« 1999

Solheim, T. & Stangeby, I., Short trips in European countries. Report from WALCYNG – WP1. Institute of Transport Economics. Oslo 1996

Towliat, M., Safety measures for pedestrians and cyclists at their interaction with cars on main roads in built-up areas. ICTCT workshop »Traffic Calming – from analysis to solutions.« New Delhi 2000. .

Uderzo, A. & Goscinny, R., Asterix der Gallier. Großer Asterix-Band I. Stuttgart 1968

Vägverket (Nationale Schwedische Straßenverwaltung) 2000. STRADA. Nationales Informationssystem über Schäden und Unfälle im Straßentransportsystem. Jahresbericht 1999

Vägverket (Nationale Schwedische Straßenverwaltung) 2002, Vision Zero, English publications auf www.vv.se

Vasconcelos, E. A., Transporte Urbano. Espaco e equidade. Analise das politicas publicas. S ao Paulo 1998

Verkehrsclub Österreich VCÖ (Hrsg.)., Fußgängerverkehr. Graz 1993

VCÖ (Hrsg.)., Vorrang für Fußgänger. Graz 1995

VCÖ (Hrsg.), Verkehr aktuell 13: Österreichs Schulwege müssen sicherer werden. Wien 2001

Windahl, S., Signitzer, B. & Olson, J.T., Using communication theory. An introduction to planned communication. London 1992

Wittenberg, R. 1986, Einstellungen zum Autobesitz und Unsicherheitsgefühle älterer Menschen im Straßenverkehr. In: Zeitschrift für Gerontologie 19. In: BM Jugend, Familie, Frauen und Gesundheit 1991, 1. Teilbericht der Sachverständigenkommission zur Erstellung des 1. Altenberichtes der Bundesregierung, Unveröffentlichter Bericht, Bonn